Matthias Brodbeck (Herausgeber)

Erinnerungen an

Friedrich Fröbel

von

Rudolf Benfey

Erschienen 1880 bei

Paul Schettlers Verlag, Cöthen.

Transkribiert und herausgegeben von

Matthias Brodbeck

Bad Liebenstein, 2025

Erinnerungen an
Friedrich Fröbel
von
Rudolf Benfey

Erschienen 1880 bei

Paul Schettlers Verlag, Cöthen.

Transkribiert und herausgegeben von

Matthias Brodbeck

Bad Liebenstein, 2025

Bibliografische Information der Deutschen Nationalbibliothek: Die Deutsche Nationalbibliothek verzeichnet diese Publikation in der Deutschen Nationalbibliografie; detaillierte bibliografische Daten sind im Internet über http://dnb.dnb.de abrufbar.

Die automatisierte Analyse des Werkes, um daraus Informationen insbesondere über Muster, Trends und Korrelationen gemäß §44b UrhG („Text und Data Mining") zu gewinnen, ist untersagt.

Verlag: BoD · Books on Demand GmbH, Überseering 33, 22297 Hamburg, bod@bod.de

Druck: Libri Plureos GmbH, Friedensallee 273, 22763 Hamburg

ISBN: 978-3-8192-0858-4

FRÜHE SCHRIFTEN ZUR FRÖBELPÄDAGOGIK – DAS HEIßT:

Der Erziehungswissenschaftler Michael Winkler sah sich 2010 zu der bemerkenswerten Feststellung veranlasst, dass Fröbel nicht zeitgemäß sei:

> [...] nicht, weil er dem Denken und der Sprache des beginnenden 19. Jahrhunderts verhaftet blieb. [...] vielmehr [...], weil er unserem gegenwärtigen pädagogischen Denken voraus ist, [...] Was er erkannt und verstanden hat, vor allem: wie er versucht hat, für die Komplexität vorrangig der kindlichen [...] Entwicklung [...] eine angemessene theoretische Sprache, zureichende Begriffe und eine sinnvolle Praxis zu entwickeln, das geht kaum zusammen mit dem, was gegenwärtig als Pädagogik diskutiert wird. [....] Da geht es [...] um Steuerung, Messung und Bewertung, um Integration von Bildungslandschaften, um neue Institutionen, [...] um Choreografien des Unterrichts, vor allem jedoch überall um Schule und Instruktionspädagogiken [...][1]

Allenthalben ist ein anwachsendes Interesse an Friedrich Fröbel, seinen Ideen und seinem Wirken zu spüren. Dies wurde sicherlich auch von Veröffentlichungen wie Norman Brostermans „Inventing Kindergarten" und Mitchel Resnicks „Lifelong Kindergarten" inspiriert.

Wir haben uns darum entschlossen, im Vorfeld des 175. Todestages Friedrich Fröbels (2027) sowie seines 250. Geburtstages (2032) den Interessenten von heute den Zugang zu Werken Fröbels, seiner Mitstreiter, Zeitgenossen und unmittelbaren Nachfolger zu erleichtern, indem wir die nur noch schwer erhältlichen und noch dazu nur in Frakturschrift zugänglichen Werke der Fröbelzeit und der ersten Jahrzehnte danach in zeitgemäß rezipierbare Buchform bringen.

Die Transkription aus der Frakturschrift in zeitgemäßen Schriftsatz erfolgte jeweils unter weitestgehender Anpassung an die orthografischen Regeln, die zum Bearbeitungszeitpunkt Gültigkeit hatten. Ausnahmen bilden Archaismen sowie Friedrich Fröbel zuzuschreibende Wortschöpfungen. Der Satzbau blieb unverändert.

Matthias Brodbeck
(Herausgeber)

[1] Winkler, Michael: Der politische und sozialpädagogische Fröbel. In: Karl Neumann, Ulf Sauerbrey, Michael Winkler {Hrsg.): Fröbelpädagogik im Kontext der Moderne - Bildung, Erziehung und soziales Handeln - edition Paideia, Jena 2010, S. 28ff.

Gedanken des Herausgebers

Rudolf Benfey (31. Dezember 1821 – 21. Februar 1891) war Journalist, Pädagoge und Schriftsteller, der auch für seine engen Verbindungen zu Friedrich Fröbel und dessen Pädagogik bekannt wurde. Geboren in Nörten bei Göttingen wuchs Benfey in einer Zeit großer politischer und sozialer Umwälzungen auf, die seine späteren Aktivitäten und Ansichten maßgeblich beeinflussten.

Rudolf Benfey wurde in eine intellektuell anregende Umgebung geboren und entwickelte früh ein Interesse an Bildung und Gesellschaft. Seine Bewunderung für Friedrich Fröbel, den Begründer des Kindergartens, prägte sein pädagogisches Denken nachhaltig.

Seit den 1840er Jahren war Rudolf Benfey politisch aktiv und wohl auch an revolutionären Bewegungen beteiligt. Diese politische Tätigkeit führte 1847 zu seiner Ausweisung aus Preußen, welche vor allem mit seiner Verbindung zur Wislicenus'schen Freien Gemeinde in Halle (1846/47) begründet wurde. Benfey wurde verdächtigt, mit Mitgliedern dieser Gemeinde in Kontakt zu stehen. Die Freie Gemeinde war eine religiöse und soziale Reformbewegung, die sich von der traditionellen Kirche abwandte und liberale Werte vertrat.

Benfey setzte sein Wirken als Privatgelehrter in Göttingen fort und reichte 1853 eine Beschwerde wegen Beeinträchtigung seiner persönlichen Freiheit ein. 1859 wurde die preußische Ausweisungsverfügung gegen Benfey schließlich aufgehoben, möglicherweise wegen Änderungen der politischen Lage, möglicherweise aber auch infolge einer Neubewertung seiner Aktivitäten.

Als überzeugter Anhänger Friedrich Fröbels setzte er sich für die Verbreitung von dessen Ideen ein. Er war von der Bedeutung einer kindzentrierten Erziehung und der herausragenden Rolle des Spiels für frühkindliches Lernen überzeugt.

Rudolf Benfey lebte und arbeitete in verschiedenen Städten, darunter Weimar, Graz und Dresden. Er starb am 21. Februar 1891 in Jena.

Vorliegende Schrift gibt Einblicke in das Leben und in die Gedankenwelt Friedrich Fröbels sowie in seine Wirkungskreise – ein historisches Zeugnis, das dem Leser den Menschen Friedrich Fröbel näherzubringen vermag.

Matthias Brodbeck, im April 2025

Inhalt

0. Vorwort des Verfassers

Ein Charakterbild sollen diese Erinnerungen zu zeichnen versuchen. Ein Charakterbild des Genius, der in Deutschlands Kulturentwicklung schon bis jetzt eine große Rolle spielte, aber eine größere noch zu spielen gewiss berufen ist. Schon vor 30 Jahren, gleich beim Beginn des ersten Besuches wurde der erste Spatenstich zum Entwerfen dieses Charakterbildes unternommen; vor 3 Jahren wurde endlich die Arbeit vollendet, um von da ab bis vor einem Vierteljahre, wo der Druck begann, noch im Pulte liegen zu bleiben. 27 Jahre also auf die erste Schöpfung verwendet! Da musste natürlich der ursprüngliche Entwurf öfter umgestaltet und nach neuen Gesichtspunkten eingerichtet werden. So entstand dieses Werkes eigentümliche Form, das teilweise schlichte Erzählung und teilweise auch gerundete, möglichst dramatische Bilder enthält, und durch beide vereint den Eindruck auch bei den Lesern zu erzeugen sucht, den viele der Mitlebenden beim Gespräche mit diesem Genius empfunden haben.

Es war etwas Eigentümliches in den Wirkungen, die der Verkehr mit Fröbel hervorrief. Für Denjenigen, der nicht tiefer über Erziehung nachgedacht hatte, blieb dieser seltsame Mann ein Rätsel, „wie ein Buch mit sieben Siegeln, zu denen der Schlüssel im Meere versenkt sei." Für den Mittelschlag der Menschen hatte er sogar etwas Fremdartiges, welches sie gern verspotteten. —

Aber Derjenige, der schon über Erziehung nachgedacht hatte, brauchte nur ein wenig aus seinem inneren Leben zu beichten und konnte dann mit Sicherheit darauf rechnen, durch eine solche Fülle zündender Gedanken und geistreicher Einblicke in verschiedene Gebiete so angeregt zu werden, dass ein geistiger Prozess, eine innere Entwicklung in ihm daraus entstehen musste. Diese zündende begeisternde Gabe, die ja Fröbel auf so viele hochbedeutende Männer und Frauen bekanntlich ausgeübt hat, ich erinnere nur an die drei großen Mitarbeiter bei der Schöpfung in Keilhau, an die von ihm ausgebildeten, hochbegabten Kindergärtnerinnen, an seine Propagandistin Marenholtz-Bülow und an seinen begeisterten Fürsprecher Diesterweg — schien mir der wichtigste Zug in seinem Wesen, den zum klaren Bewusstsein zu bringen, höchste Aufgabe des Darstellers sein muss.

Um dieses zu erreichen, durfte ich nicht wie ich anfangs wollte, nur einzelne Äußerungen Fröbels möglichst getreu wiedergeben, — da hätte mein Bericht der Gefahr nicht entgehen können, den Leser mit manchem Neuen zu überschütten, für das den Schlüssel zu finden ihm schwer geworden wäre, — sondern ich musste mich darauf beschränken, nur einen Teil der von ihm geäußerten

Ansichten in diesem Werke zu benutzen, — aber dieses dann möglichst vollständig entwickelt und zur Klarheit gebracht darzustellen, um so zu erreichen, dass der Widerstreit der Meinungen, wie er sich in lebhafter Unterhaltung ergibt, möglichst genau nachgebildet werde. So entstanden bei wichtigen Punkten des Zusammenseins förmliche Dialoge, wo ich Fröbel in ähnlicher Weise seinen Besuchern gegenüberzustellen suchte wie dieses Plato mit Socrates getan hatte. —

Die Schwierigkeit, so großen Meistern nachzustreben, war mir nicht entgangen und erregte bei mir oft lebhafte Befürchtungen, mein Ziel zu verfehlen. Aber die hohe Bedeutung des großen Mannes einerseits, wie andererseits der glückliche Umstand, gleichzeitig mit so vielen interessanten Persönlichkeiten bei Fröbel zusammengetroffen zu sein, gaben mir den Mut, den Inhalt der schlichten Wahrheit einzufassen in die Form der Dichtung, wenn die letztere auch gegen den gewichtigen Inhalt von Fröbels eigenen Worten oft in Schatten treten musste. „Der Kern seiner glänzenden Ideen wird doch daraus mächtig hervortreten", so sagte ich mir; vor allem aber auch die Kraft seiner hinreißenden Beredsamkeit, wenn ich gleichzeitig schildere, wie er alle Hörende mit sich fortriss. Das war mein Streben bei der Ausarbeitung.

Der Leser mag darum entschuldigen, wenn ich aus meiner eigenen Entwicklungs-geschichte Mancherlei herbeibrachte, was an sich zwar weniger wichtig scheinen könnte, aber doch im Zusammenhänge des Ganzen dazu dient, die Einwirkungen Fröbels auf den Hörer klarzustellen, den ich am genauesten schildern konnte, weil ich es selbst bin. — Alles, was hier dargestellt ist, soll dazu dienen, jenen mächtigen Gesamteindruck lebhaft hervortreten zu lasten, und der Leser wird darum mit mir nicht rechten, wenn hier und da eine oder die andere Äußerung vor einer scharf-prüfenden Kritik nicht wird Stich halten können. Der größte Teil der von Fröbel hier wiedergegebenen Äußerungen ist diplomatisch genau. Ob überall der Charakter der mannigfaltigen Persönlichkeiten vollständig wiederge-geben ist, das zu untersuchen, kann nur der Zukunft anheimfallen, aber selbst Irrtümer in diesem Gebiete würden verzeihlich sein bei der Schwierigkeit der Aufgabe und dürsten dadurch wertvoll werden, dass sie zur weiteren Forschung anregten.

Diese wird aber nötig sein, denn von allen Seiten drängen innere und äußere Gründe auf die tiefere Erforschung dieses hohen Genius. Denn vor allem folgender Umstand. Nicht sein Heimatland vorherrschend, sondern fremde Nationen mussten uns erst darauf aufmerksam machen, welche Fülle von anregenden Geistesfunken von diesem tatkräftigen Manne ausgegangen sind.

Erst in diesen Tagen hat man in dem Brüsseler Unterrichtskongresse von kundiger Seite darauf hingewiesen, dass aus den Bildungsnöten unserer Tage nur die Aufnahme der Fröbelschen Lehre retten könne. In Belgien sowohl wie in Österreich legt man ernsthaft Hand an das Durchführen seiner Ideen, in Amerika wie in Russland — England auch nicht ausgeschlossen — bildet man immer mehr treue Anhänger seiner Richtung aus ... — und in Deutschland wusste man vor wenigen Jahren noch kaum, dass Fröbel, außer Erfinder des Kindergartens zu sein, noch nach andern Seiten der Pädagogik hin wahrhaft fördernde Bestrebungen erweckt habe.

Schon dem Auslande gegenüber ist es notwendig, Zeugnis dafür abzulegen, dass wir jetzt endlich auch erkennen, dass ein großartiger Organismus der Menschenerziehung diesem Genius vorschwebte, deren erste Stufe er in den Abhandlungen zu „Mutter- und Koseliedern" niederlegte und deren Abschluss in seinen Taten zu Keilhau enthalten waren. Der Kindergarten, den er im Anschluss an Comenius' Mutterschule einrichtete, ist nur eine Mittelstufe zwischen der „Wissenschaft der Mutter", wie sie Frau von Marenholtz-Bülow auf Grund seiner Anregungen empfahl und der Volksschule, wie er sie in der Schweiz zu gründen begann und in seinen Lehrkursen zu Burgdorf schilderte, nach den Grundzügen, die er in Keilhau gelegt hatte. Schulgarten und Schulwerkstatt bilden hier Ergänzung zu dem belehrenden Unterrichte, der bei ihm vorherrschend als gelegentlicher auftritt.

Neben dieser Rücksicht gegen das Ausland wirken aber noch mächtigere Gründe mit, die aus unserer Entwicklung entlehnt werden müssen. Nach dem 400jährigen Kampfe zur Neugestaltung Deutschlands, der endlich mit der Schöpfung unseres Kaiserreiches vor 10 Jahren abgeschlossen wurde, musste sich natürlich die ganze Aufmerksamkeit des denkenden Volkes darauf wenden, mit welchem Inhalte die neugewonnene Form auszufüllen und zu beleben sei. Unser großer Kaiser hat mit dem Worte „Wohlfahrt" uns das richtige Ziel gewiesen, aber über die Mittel, die zu diesem Ziele führen, schwanken schon seit 10 Jahren die Meinungen nach den verschiedensten Richtungen hin. Man hat früher den Deutschen zu viel Idealismus gern vorgeworfen, aber seitdem wir nach der Realpolitik zu streben scheinen, hat sich gezeigt, dass hinter diesem Namen sich die egoistischste Interessenpolitik zu verstecken suchte, die möglicherweise das Unglück im Geleite haben könnte, uns in langdauernde verwirrende Kämpfe zu stürzen, wie wir sie schon oft in der Geschichte erlebt haben. Um diesem Unglücke aus dem Wege zu gehen, muss Aufgabe aller wahren Volksfreunde sein, dahin zu blicken, woher Hilfe kommen kann. Uns scheint dieselbe nur möglich zu sein.

Wenn im deutschen Volke selbst ein waches Verlangen entsteht, hilfreich bessernde Hand an die Schäden zu legen, die unsere weitere Entwicklung hemmen. Diese liegen vorherrschend in Gebieten, denen die früheste Erziehung am besten begegnen kann. Unsere Mädchen und Jungfrauen werden nicht genügend für die Aufgaben der Mutter und Gattin vorgebildet. Und nur eine genügende weibliche Vorbildung könnte uns Männer schaffen, die gewillt und begabt genug wären, an den höchsten Aufgaben der Menschheit ernsthaft mitzuarbeiten. Dieses ahnte schon Fröbel, und seine geistvolle Schülerin Marenholtz-Bülow legte schon 1867 in dem Werke „Die Arbeit und die neue Erziehung" den Gedanken klar, dass die soziale Frage nur richtig gelöst werden könne, wenn schon von den ersten geistigen Regungen an, die sich bei dem Kinde zeigen, die Einwirkung der Mutter darauf ausgehe, in dem neuen Erdenbürger die Lust zum Schaffen und Neugestalten zu erwecken. Das großartige Problem, an dem sich der Franzose Fourier sein Leben lang zerquälte, ohne zum Ziel zu gelangen, das Problem, den Genuss dauernd mit der Arbeit zu verbinden, hat Fröbel zur Lösung gebracht, indem er in dem Kinde schon die Lust an der Arbeit erweckte und den Schöpfertrieb ihm zur Mitgift zuwendete.

Welcher der deutschen Staaten ist wohl mehr dazu berufen, die Wege zu bahnen, wie die Fröbelschen Ideen zum vollständigen Nationalgut umgebildet werden können, als derjenige Staat, dessen vergangene Geschichte ihn schon im Voraus dazu bestimmt zu haben scheint. — Bei einem fleißigen Durchforschen der deutschen Geschichte wird man finden, dass der bayrische Stamm schon mehrere Male in entscheidenden Epochen den tiefsten Instinkt des deutschen Volkes begriff und zur Geltung brachte. Heinrich II. wusste während seiner Regierungszeit das durch das phantastische Bild der Erneuerung des Römerreiches von seinen ursprünglichen Grundlagen abirrende deutsche Königtum der Ottonen auf das rechte Maß zurückzuführen; und als Ludwig VII., der Bayer, die von Rudolf von Habsburg begonnene bürgerliche Politik richtig zu verbinden wusste mit den größeren Ansprüchen, die die Hohenstaufen, wenngleich auf verkehrtem Wege, erhoben hatten, da sah es au-, als ob die Zukunft Deutschlands auf ähnliche Basen gegründet werden könnte wie in den Staaten des Atlantischen Ozeans, wo damals schon die Bürgerfreundlichkeit der Könige neue Zustände herbeigeführt hatte.

Doch was brauchen wir in so weite Fernen zu greifen, die vier Wittelsbacher Könige, die in diesem Jahrhunderte in konsequenter Reihenfolge den bayrischen Staat mit geistigen Errungenschaften bereicherten, schufen einen Kranz voll geistiger Anregungen, die notwendig zu weiteren edlen Taten führen müssen. Vor allem war es Ludwig I. innere Beziehung zu den großartigen Ideen des achtzehnten Jahrhunderts, die auf Weimarer Boden entstanden und gepflegt, von diesem großartigen Fürsten nach dem Isar-Ufer geleitet wurden. Diese werden Bayern mit der größten Notwendigkeit zum Ausgangspunkt der Durchführung der Fröbelschen Ideen machen müssen. Schillers ästhetische Briefe waren ebenso sehr Ausgangspunkt für Fröbels tiefere Ideen, wie schon früher der von Fichte und Schleiermacher empfangene geistige Anstoß, welcher wiederum auf Herders Humanitätsideen zurückzuführen ist. Nachdem , nun Ludwig I. den durch Maximilian I. verjüngten bayrischen Staat in Verbindung gesetzt hatte, mit dem Keimpunkte aller höheren deutschen Ideen — denn von Thüringen ging 1794, wie schon 1212 die Wurzel für spätere große Ideenkreise aus — so brachte Maximilian II. eine weitere Stütze hinzu, durch Vertiefung der Volksbildung und schöpferische Organisationen. Damit ist nun der wahre Boden für die Neugestaltung geschaffen.

Dass diese nach der wissenschaftlichen Seite auf Mathesis und Musik zu gründen ist, dass letztere mit den großen Bestrebungen Wagners zusammenhängt und warum das so ist, haben wir auf Seite 50 dieses Buches ausgeführt wie an anderer Stelle der Fortsetzerin Fröbels, der Frau Wiseneder, gedacht. All das konnte in diesem Werke angedeutet, nicht ausgeführt werden. Spätere Arbeiten werden vielleicht am Faden bis dahin hoffentlich neuentstandener Institute darlegen können, dass in Ludwig II. Geist schon die Vorbilder für dasjenige mächtig lebten, was erst die Zukunft bringen kann, als er die Verlockungen zurückwies, die im Januar 1870 an ihn herantraten und als er im Juli 1870 so rasch entschlossen sein Volk unter des Kaisers Führung mit in den Kampf für Deutschlands Neugestaltung führte.

Der freundliche Leser mag verzeihen, dass ich ihn in dieser Vorrede so tief in die Gegenwart hineinführe. Habe ich doch auch in den betreffenden Teilen des Buches die Stimmung, die uns vor 30 Jahren beherrschte, getreu abzubilden versucht. Der geistige Kampf, der uns damals bewegte, ist noch nicht vollständig entschieden. Nicht mit der äußeren Form, sondern erst mit dem innerem Gehalte ist unser Deutsches Reich wahrhaft gegründet. Dieser innere Gehalt Neudeutschlands aber ist durch die Taten unserer großen Dichter und Denker begründet. Diese haben die Resultate unserer früheren Kämpfe in sich ausgenommen. Das Streben, die aus dem germanischen Geiste entsprungene Idee der Genossenschaft mit der, vom römischen Reiche stammenden Staatsidee zu verknüpfen, war Angelpunkt der Entwicklung der deutschen Geschichte.

Nicht bloß im Kampfe zwischen Kaiser und Papst handelte es sich um dieses Problem, welches England und Ungarn so richtig lösten, sondern auch der

Mittelpunkt der nationalen Bewegung vom 13. bis 17. Jahrhundert, die wir Reformation nennen, war ebenfalls Kampf des bürgerlichen Familiensinns gegen den aus romanischen Landen eingeführten cäsarischen Gedanken. In Deutschland scheiterte Karls des Großen deutsche Idee der Gauverfassung, weil er den tiefen innersten Trieb der Stämme nicht genügend genug beachtete und von den großen Ideen, die einen Sickingen und Hutten bewegten, konnte Luther nur wenig retten. Doch was das neunte und sechzehnte Jahrhundert nicht vermochten, vermag vielleicht das neunzehnte so vorzubereiten, dass es dem zwanzigsten gelingt es durchzuführen; die nächste Zeit wird die Probe zu liefern haben. Stärken wir uns dazu, indem wir uns erinnern, dass zu den Genien, die den Stolz unseres Volkes ausmachten, auch Friedrich Fröbel zu rechnen ist und dass er uns lehren kann, wie schon in der Genossenschaft der Kinder ein Staatssinn sich erzeugen kann, der nicht wie in Antigone in Kampf mit der Familie tritt, sondern nur ausbaut, was jene begründet hat. Gelingt uns das, so wird die Geschichte gern von uns sagen können, dass unser Kaiser Weißbart auch einen Freund fand, der aber treuer als der Löwe war, denn er stand ihm nicht bloß im Kampfe gegen die Feinde bei, sondern half die Mittel finden, die den Fels auch im Meere der Leidenschaften Kraft geben, der auslösenden Eigenschaft des Wassers zu widerstehen. —

Möge das Geschick uns auch dieses vergönnen.

1. Was ich über Fröbel hörte.

Von Wiesbaden kam ich und war ganz entzückt über die interessanten Resultate der Jacotot'schen Methode, die ich im Kreisschen Institut beim französischen Sprachunterricht hatte, anwenden sehen. Dass die 11- und 12-jährigen Knaben schon nach kurzer Zeit auf Französisch ihren Lehrern Rede und Antwort stehen konnten, dass während der ganzen Stunde fast kein deutsches Wort, als höchstens bei der Interpretation einer Stelle, in deren Mund kam, hatte auf mich umso mehr Eindruck gemacht, als ich von meiner Gymnasialzeit her nur den schleppenden Unterricht in den modernen Sprachen kannte. —

Lebhaft und gesprächig, wie man im zweiundzwanzigsten Jahre ist, erzählte ich einem Mitreisenden, der sich dafür zu interessieren schien, von dem gehabten Eindrücke, als ein ebenfalls im Wagen befindlicher Mitreisender sich in die Rede mischte und sagte: „Wenn Sie sich für Unterricht so interessieren, dann hätte ich gewünscht, Sie wären vor einigen Tagen in Darmstadt gewesen, wo man in der ganzen Stadt von einem seltsamen Manne sprach, der dort Vorträge über Unterricht gehalten hat." Natürlich waren wir beide gespannt und wollten von unserem Mitreisenden Näheres hören, doch dieser, offenbar bloß Geschäftsreisender, konnte uns nur das allerseltsamste Bild von dem merkwürdigen Manne, von dem er gehört, entwerfen. Er selbst sei nicht in die Vorlesung gegangen, so lautete seine Mitteilung, aber an der Gasthofstafel, wo er gesessen, hat er zwei Tage nur von dem Manne reden gehört. Es soll ein Wundermann sein, der den Kindern das Lernen im höchsten Grade erleichtert. —

Mein anderer Mitreisender, mit dem ich vorher gesprochen, schaltete ein: „Aha, wieder eine neue Auflage des Philanthropismus, er wird den Kindern die Buchstaben auf Zuckerkuchen backen lassen!" — „Nein," fuhr der Berichterstatter fort, „so etwas war es nicht, sagten die Leute, die bei Tische darüber sprachen; es stritten sich zwei an der Tafel darüber, ob es Spielerei oder Spiele wären, und der eine sagte, das ganze Kunststück jenes Mannes sei, die Kinder fortwährend spielen zu lassen, und während sie spielten, lernten sie alles Mögliche." Das schien uns beiden wohl ein bisschen arg nach Jägerlatein zu schmecken und wir sahen uns erstaunt über die Äußerung des Fremden an; dieser fuhr fort: „Ja, der Mann selbst soll ein ganz eigentümlicher Mensch sein; wenn die Kinder ihn sehen, so laufen sie zu ihm hin und reichen ihm die Hand, so weiß er sie mit dem Auge zu fesseln." —

„Ein neuer Rattenfänger von Hameln!" meinte mein Mitreisender; „führt er auch die Kinder in die Berge, um sie nach Siebenbürgen zu verkaufen?" — „Nein," sagte der Fremde, der diesen Scherz kaum zu verstehen schien, „in Siebenbürgen ist er nicht gewesen, aber in der Schweiz, und reist manchen Sommer mit den Kindern wieder hin."

Immer seltsamere Konturen nahm also die Erzählung an. — Ich fragte den Mitreisenden, wo jener denn die Kinder her nimmt, ob etwa von der Straße. „Nein, er soll ein großes Institut gegründet haben, tief in Thüringen, das seine Verwandten leiten, und mit diesen Kindern reise er nach der Schweiz." Und wie kommt er nach Darmstadt? Aber mit dieser Frage schienen wir die Intelligenz des Reisegenossen in Verlegenheit zu setzen, er wusste nichts darauf zu erwidern. — Jedenfalls ist er ein Propagandist für irgendeine Idee. — Vielleicht vom Schnepfenthaler Institut gesandt, ein Schüler oder Nachkomme Salzmanns. — Haben sie denn nichts weiteres über diesen seltsamen Mann gehört? „O ja, er bekümmert sich viel um die Steine, die sich in den Bergen finden, und lehrt den Kindern deren Gestatten kennen; er ist auch ein Jäger gewesen und hat den Krieg mitgemacht gegen die Franzosen, — mehr weiß ich nicht." — Das Gespräch wandte sich bald auf andere Dinge, erst kurz vor Frankfurt fiel es mir ein, den Fremden nach dem Namen jenes Vortragenden zu fragen, doch er hatte diesen nicht behalten, er wüsste nicht genau, ob er Fröbler oder Fröhlich hieße, war endlich die Antwort, die ich bekam, — so geschah es am 29. September des Jahres 1844.

Durch eine sonderbare Ideenverkettung jedoch wollte die Erinnerung des Vorganges nicht aus meinem Gedächtnis weichen. Kurz vor zu Bette Gehen, als ich die Erlebnisse des Tages noch einmal genau erwog, wurde ich über einige Tatsachen stutzig: Zu dem Manne laufen alle Kinder — das war die erste Betrachtung, — es muss also doch etwas in ihm liegen, was der Kinder Herz ergreift, — „er soll den Kindern alles durch Spiele lehren," — das ist eine Unmöglichkeit, sagte ich mir, ein bedeutendes Missverständnis mein Berichterstatter muss hier falsch gehört oder verwirrt aufgefasst haben, — aber dann wieder: Er beschäftigt sich mit Steinen und macht die Gestalten klar? — Ich hatte den Winter vier Jahre vorher mich weidlich mit Mineralogie abgemüht und vor dem Rätsel der Kristallformen war ich ahnungsvoll an der Pforte stehen geblieben.

Angestrengteste Mühe und Arbeit hatten mich eben nur mit den oberflächlichsten Umrissen derselben bekannt gemacht, denn die Fähigkeit des Auges, klar und scharf alle diese Erscheinungen zu erkennen, war leider in der früheren Jugend nicht genug geweckt und die Anschauung konnte nicht gleichen Schritt halten mit dem Wunsche, das Erlernte geistig zu durchdringen. Ähnlich war es mir ein Jahr später beim Praktikum der Chemie ergangen, auch hier musste ich es beklagen, dass ich in der frühen Jugend nicht genügende Sinnesübungen vorgenommen, und dass deshalb mein Auge mich bei genauen Unterscheidungen der Farben und beim sorgfältigen Beobachten der Fällungen meist im Stiche ließ. — Es mag etwas Bedeutungsvolles liegen in der Weise, wie jener Mann die Kinder mit den Gestalten der Steine bekannt macht. Immer interessanter wurde mir dieses ahnungsvolle Bild, es ließ mich in der Nacht kaum schlafen.

Am folgenden Tage ging ich zu einem befreundeten Institutsvorsteher, bei dem ich vor meiner Wiesbadener Reise etwa 14 Tage hospitiert und seine Schule kennen gelernt hatte; diesem teilte ich das erlebte Abenteuer mit und fragte, ob er Fröbler oder Fröhlich kenne.

Der Name war ihm unbekannt. Ein junger Lehrer, der zuhörte, meinte: „sollte der Fremde sich nicht etwa verhört haben und Fröbel aus Keilhau gemeint haben?" — Der Institutsvorsteher schüttelte das Haupt. — „Zu dem passen ja die Züge nicht; übrigens, wenn's der wäre, so hätten Sie auch nichts verloren, er ist vor kurzem in Frankfurt gewesen und ist wohl jetzt nach Darmstadt gegangen. — Aber ich halte all das, was er vorbrachte, für pädagogischen Schwindel, hie und da sind wohl gesunde Bemerkungen, Manches von Pestalozzi wacker benützt. Aber er hält die Kinder mit unnützen Kleinigkeiten auf, da müssen sie Papier flechten und ausschneiden und alles Mögliche treiben; jedoch auf ein wirkliches Lesen und Schreiben und sonstige vernünftige Wissenschaft scheint er nicht zu kommen, er beschäftigt sich nur mit 4- bis 6-jährigen Kindern." Ich fragte hierauf, ob. es denn nicht richtig sei, dass er ein Institut habe.

„Gehabt," war die Antwort; „seine Verwandten haben es jetzt, er ist dort unge- heuer unpraktisch vorgegangen, hat sogar Griechisch vor Latein lernen lasten." — Nun, das empfiehlt ja auch Herbart, war meine Antwort. — Der Institutsvorsteher meinte, alle solche Versuche können nur von Seite des Staates ausgehen, wir Lehrer sind an die Wünsche der Eltern gebunden, die wollen, dass ihre Kinder zur entsprechenden Zeit in die Staatsanstalten eintreten können. Fröbel hat aber von jeher seine eigenen Wege wandern wollen. Er hatte ja in den 20iger Jahren auch Kinder aus Frankfurt, aber wenn man sie ihm übergab, dann behauptete er, dieselben könnten vor der Universitätszeit nicht seine Schule verlassen, denn er nehme einen anderen Gang, lege weit mehr Wert auf Naturwissenschaft, als man sonst das tut, und er verschiebe den Unterricht in den klassischen Sprachen auf ein reiferes Alter."

Aber das ist ja ganz vernünftig, platzte ich heraus, das ist ja meine Sehnsucht schon seit Langem, dass eben die realen Wissenschaften, der Anblick des Lebens der Kinder Geist erstarken soll, ehe sie an den schweren Stoff von Völkern aus der Vergangenheit herantreten. — „Schwärmerei," meinte der Institutsvorsteher, „wenn Sie erst eine Zeit lang gewirkt haben, werden Sie sehen, wir hängen von den Eltern ab und nicht wir können den Erziehungsplan der Kinder bestimmen, sondern nur mit Hilfe des Staates können da bedeutende Veränderungen vorgenommen werden."

Von nun ab ließ es mir keine Ruhe; war schon durch die erste Mitteilung eine dunkle Sehnsucht erwacht, von dem seltsamen pädagogischen Wanderer Näheres zu erfahren, so hatten die Bemerkungen des Institutsvorstehers meinen Wunsch zur lebhaften Neugier gestaltet. Dass ich einen Reformator im Sinne und Geiste Pestalozzis, nur den modernen Ansprüchen näher stehend, in Fröbel finden würde, unterlag nach den bisherigen Notizen fast keinem Zweifel, und gerade das, was jener Institutsvorsteher als diejenigen Punkte hervorgehoben hatte, die ihm nicht gefielen, lockte mich an.

Ich durchlebte damals einen großen inneren Kampf, zu dem pädagogische Anschauungen vielfach den Anstoß gegeben haben. Nach vierjährigem Studium war ich doch noch im Zweifel, nach welcher Richtung hin ich zunächst meine Tätigkeit wenden sollte. Innere und äußere Umstände hatten es veranlasst, dass sowohl der anfängliche Plan, mich den Naturwissenschaften, der Chemie, zu widmen, aufgegeben wurde, wie auch der in den letzten anderthalb Jahren verfolgte, mich der Publizistik, Schriftstellerei zu widmen, noch nicht in Angriff genommen werden konnte. Im Sommer 1844, wo ich still in meiner Heimat lebte, war mir eine feurig geschriebene Biografie Pestalozzis in die Hände gekommen. Anfang und Ende fehlten und selbst jetzt habe ich es noch nicht herausbringen können, wer der Verfasser dieses Werkes gewesen, das offenbar kurz nach Begründung des Instituts zu Yverdon geschrieben worden war. Dieses Werk hatte einen ungeheuren Eindruck auf mich gemacht und in mir den Wunsch geweckt, mich dem Schulwesen zu widmen.

Um Erfahrung zu gewinnen, war ich damals nach Frankfurt und Wiesbaden gegangen, mit der Absicht, bei günstiger Gelegenheit am ersteren Orte zu bleiben.

Die Nachricht jedoch von dem seltsamen Mann in Thüringen ließ mir jetzt keine Ruhe und trieb andere Entschlüsse hervor. An dem Institutsleben und Treiben in Frankfurt hatte ich überhaupt keinen Geschmack finden können; dieses Einüben der Schularbeiten mit den Kindern, das bloße Nachhilfesystem, schien mir mehr den geistigen Aufschwung zu lähmen als zu fördern. All die trüben Erfahrungen, die mir seinerzeit das Schulleben verleidet hatten, tauchten wieder vor meiner Seele auf. — In Wiesbaden freilich, bei Kreis, wo die drei Brüder, Schüler Pestalozzis, mit Begeisterung die neuen Systeme pflegten, war der Eindruck auf mich ein erhebender. Doch auch hier vermisste ich trotzdem einen lebendigen Verkehr mit den realen Wissenschaften, die mir während meiner Universitätszeit so weitreichende Anregungen gegeben hatten.

Aber der Thüringer, das musste mein Mann sein, das fühlte ich; — mein Entschluss war rasch gefasst, ich musste um jeden Preis hin, den Mann erforschen und kennen lernen. Noch denselben Tag schrieb ich nach meiner Heimat, dass ich von Frankfurt über Fulda zu meinen Verwandten nach Erfurt reisen würde, um auch dort und in Thüringen Schulanstalten kennen zu lernen; nach dorthin möchten weitere Briefe und Nachrichten gesendet werden. Noch denselben Abend saß ich im Stellwagen, der mich nach dreitägiger Fahrt ins Thüringische brachte.

Hier gingen die Forschungen nach Fröbel wieder an. Die Frankfurter hatten nämlich nur den Ort Keilhau benannt, ohne aber irgendeine Stadt in der Nähe, also Rudolstadt oder Blankenburg, mir zu nennen. Es galt also, von Erfurt aus Weiteres zu erfahren. Die Kreise, die mir zunächst zugänglich waren, wussten wieder nichts und verwiesen mich an die Universitätsstadt Jena, wo ich gewiss die genauesten Nachrichten erhalten könnte. Also auch dorthin musste ich pilgern; im Burgkeller dort wurden mir endlich von den Studierenden, die ich kennen lernte, genaue Mitteilungen gemacht.

Ein junger, sehr begeisterter Burschenschafter, der schon durch Studierende, mit denen ich in Berlin gewesen, von mir gehört, machte mir genaue Mitteilungen über das Keilhauer Institut, und sprach mit hoher Begeisterung von Fröbels Genossen Middendorff, zu dem ich gewiss die höchste Zuneigung empfinden würde. Auch über den Lehrgang dort und über die Einrichtungen, die Kinder zu stärken und körperlich gewandt zu machen, wurden mir hier die ersten Mit gemacht. Von Fröbel selbst wusste dieser Studierende, der mit einigen Kommilitonen im Sommer das Institut besuchte, weniger zu erzählen; er hob nur hervor, dass derselbe sich jetzt den kleinen Kindern hauptsächlich widme, und sich von der eigentlichen schulmännischen Tätigkeit fern halte; — auf Dörfern der Umgebung wirken er und Middendorff für die erste und früheste Kindererziehung.

Durch alle diese Mitteilungen war ich nun schon von vornherein mit dem günstigsten Vorurteil für Fröbel erfüllt und brannte vor Sehnsucht, nach Keilhau zu reisen. Der Studierende meinte, da müsste ich noch einige Zeit warten, weil die Schüler und die meisten Lehrer auf Ferien seien. — Mir verschlug das nichts; ich wollte in Erfurt die Zeit abwarten. Doch da trat das Schicksal mit einem Hemmnis dazwischen; in meinem Gasthause angekommen, finde ich einen von Erfurt nachgeschickten Brief — „eiligst zu besorgen", — ich öffne denselben und eine donnernde Philippika von meinem ältesten Bruder und Vormund verweist mir den kecken Streich von der Verschiebung der Kulisse von Frankfurt nach Thüringen. Ohne Bewilligung hätte ich das nicht tun dürfen, sofort soll ich nach Hause kommen, wo man mir allerlei andere Pläne Vorschlägen will. Nun würde freilich die Philippika allein auf Remonstration und Retardation meinerseits gestoßen sein; aber das Schlimmste war dabei, das Reisegeld, welches ich bestellt hatte, war ausgeblieben, und meine Verwandten in Erfurt waren angewiesen, mir einen Postplatz nach Göttingen zu lösen und mich nur mit solchen Reisemitteln zu versehen, dass ich auf der Fahrt nicht zu hungern brauchte I Gegen diese Schicksalsnotwendigkeit ließ sich nicht kämpfen; ich blieb in Erfurt, so lange mich die Verwandten behielten, und zog dann füll wieder nach der Heimat zurück.

Der schöne Traum, den Weisen von Keilhau kennen zu lernen, war für das Erste in das Nichts versunken.

2. Wie ich denn doch Fröbel endlich kennen lernte.

„Heraus, mein gutes Schwert, lass den Sickingen nicht verderben!" — So begann am 20. April des Jahres 1846 der große Historiker und Professor an der Halleschen Universität Max Dunker eine Toastrede, die der Erinnerung Sickingens gewidmet war, beim Festessen zu Ehren des Andenkens an den Geburtstag des rüstigen Kämpfers für Geistesfreiheit, am Huttentage.

Die damalige freisinnige Partei in Halle, die sogenannten „Lichtfreunde", liebte es, solche Gelegenheiten zu benutzen, um die Zeitideen unter dem Volke zu verbreiten. — Eine herrliche Gesellschaft war zusammengekommen, Männer, die damals noch keineswegs ahnten, nach welch verschiedenen Himmelsstrichen sie einst geführt würden, und welche verschiedenen Arbeiten ihnen einst zufallen würden. Max Dunker war damals noch der stürmende Demokrat und Niemand dachte noch, dass er einst als Geheimrat und Privatsekretär des jetzigen Kronprinzen des deutschen Reiches fungieren werde; Dr. Schwarz, der spätere Gotha'sche Konsistorialrat und Oberhofprediger, hatte zu Ehren Huttens gesprochen, und Robert Heym, der später so langsam fortschreitende Gothaer, hatte uns damals zu riesigem Schritt aufgefordert: „Wer will mit mir von Ufenau nach Königsberg?"

Mit diesen Worten leitete er einen Lobgesang auf Immanuel Kant ein und durch seine ganze Rede kehrte immer wieder: „Folgt mir von Ufenau nach Königsberg, lasst uns gehen von Ufenau nach Königsberg, — ja, das ist der Weg von Ufenau nach Königsberg!" Dazwischen hatte der ernste Wislicenus, der Bibelerklärer, den deutschen Bürgerstand gefeiert und die Wahlverwandtschaft zwischen diesem und Luther hervorgehoben. — Allmählich waren die offiziellen Toaste verrauscht, aber noch immer sollte die Beredsamkeit kein Ende nehmen; auf die offiziellen Redner waren andere gefolgt, die nur von der Stimmung des Herzens gedrängt, das Wort ergriffen. Ich war bis dahin schweigender Zuhörer gewesen, aber meine Nachbarn drängten mich fortwährend, ebenfalls etwas „loszulassen" und eine „Pauke" von mir zu geben.

Endlich konnte ich nicht widerstehen und sprach über Pestalozzi und Diesterweg, auf den letzteren, der eben damals vielfach angegriffen wurde, toastierend. In diesem Toaste gedachte ich auch an paffender Stelle des Schülers Pestalozzis, der in Keilhau in so überraschender Weise den Grundgedanken der Anschauungen des Meisters in neue Bahnen lenkte, und stellte diesen Schüler Pestalozzis als Ergänzung zu Diesterweg hin.

Während Diesterweg das Gebiet der Schule und deren Organisation beherrsche, lege Fröbel die Grundlagen durch das erziehliche Element, während Diesterweg Intelligenz und Wollen ins Auge fasse, schaffe Fröbel durch Gemüts- und Phantasiepflege das Fundament, auf dem das Diesterwegsche Werk erst gelingen könne. — Der Toast fand Anklang und mit Jubel erscholl der Name Diesterwegs. — Da kommt ein Lehrer vom Waisenhause auf mich zu, drückt mir die Hand und sagt: „Warum haben Sie das nicht eine halbe Stunde früher gesagt, dann hätte es doch Fröbel selbst gehört!" — „Was, ist Fröbel hier?" frug ich. — „Er war hier," war die Antwort; „er hat gestern und vorgestern hier gesprochen und seine Einrichtungen empfohlen, morgen wird er aber abreisen." — Wie ein Schlag traf mich die Nachricht; so nahe also dem Manne, von dessen Wirksamkeit ich mir so viel versprach, — ich musste es erst jetzt erfahren und morgen ist er vielleicht abgereist, kehrt nicht wieder — es wollte mir nicht in den Sinn. —

Anderthalb Jahre, seitdem ich Erfurt verlassen, war ich nun dem Verständnis Fröbel scher Ideen von mancher Seite näher gerückt; nur kurze Zeit war ich in Göttingen geblieben und dann der Aufforderung eines Universitätsfreundes gefolgt, im Hause seines Vaters, des Oberlehrers Wendt, die Methodik und

Einrichtung des Volksschulwesens kennen zu lernen. Dieser Mann war Oberlehrer im dortigen Köthener Lehrerseminar und eine große Volksschule stand gleichzeitig unter seiner Leitung. Ich verweilte nun in Köthen fast anderthalb Jahre, mich gleichzeitig nach allen Seiten hin mit den Bedingnissen und Spezialien der Methoden und pädagogischer Vorbildung vertraut machend und gleichzeitig mit anderen Studien und Arbeiten beschäftigt.

Mit großer Zuvorkommenheit hatte man mir nicht bloß gestattet, an Stunden teilzunehmen und zu hospitieren, sondern selbstlehrend sowohl in der Volksschule als durch naturwissenschaftliche Vorträge am Seminar meine eigene Lehrkraft zu üben. Diese Tätigkeit hatte allmählich meinen bis dahin hin und her irrenden Bestrebungen einen festen Halt gegeben, mich mit den Fundamenten bekannt gemacht und zugleich auch Sicherheit und Gewandtheit im Umgang mit den Kindern mir verschafft. Der Gedanke lag mir nahe und wurde im Winter oft in Erwägung gezogen, ob ich nicht versuchen sollte, nun an irgendeiner tüchtigen Lehranstalt auch eine Stellung und Wirksamkeit zu suchen.

Gerade aber in jenen Tagen, wo ich in Halle weilte, war wieder das Projekt, bei Zeitungen zu wirken, hervorgetreten. Bei einem Aufenthalte in Leipzig war ich mit Buchhändlern und Redakteuren bekannt geworden und bei verschiedenen Zeitschriften, wichtigen Leipziger und auswärtigen Zeitungen war mir Mitarbeiterschaft zugesagt worden; das verlockte mich und mein alter Plan, der so lange schlummerte, trat wieder hervor.

Von Fröbel hatte ich in Köthen nur einiges erfahren, indem der Oberlehrer Wendt, an den ich mich deshalb gewendet, mir in einigen pädagogischen Schriften ein paar Notizen über Fröbel gezeigt hatte, die nur die oberflächlichsten Nachrichten enthielten und sämtlich keineswegs eine Ahnung von seiner Bedeutung gaben, sondern ihn meist abfällig beurteilten. Nach den von Fröbel selbst verfassten Schriften suchte ich die ganze Zeit vergebens; nur einen Aufruf zur Gründung des deutschen Kindergartens, der 1640 in Blankenburg veröffentlicht wurde, erhielt ich nach langem Suchen, — auch diese Arbeit fesselte mich ungemein. Da jedoch alles weitere Suchen vergebens schien, war unter den praktischen Arbeiten in Köthen allmählich die Erinnerung an Fröbel fast verblasst und erst die bedeutsamen Kämpfe Diesterwegs mit dem Reaktionsministerium Eichhorn und die gleichzeitige Feier des hundertjährigen Geburtstags Pestalozzis hatten die alten Erinnerungen wieder aufgeweckt und dabei auch das Andenken an die Nachrichten von Fröbel wieder erneuert. —

Am folgenden Morgen ging ich sofort zu seinem Verwandten, zu Krüger, um zu erfahren, ob er schon abgereist sei. Es war zu spät, er war nach Köthen gereist, also gerade den einen Tag, wo ich von Köthen abwesend war, musste er dort Zubringer?! Ob er wiederkehre, wusste man nicht recht, aber er würde wahrscheinlich von Köthen einen anderen Weg nach Hause nehmen. — So sollte mir also zum zweiten Male das Schicksal einen tückischen Streich spielen, den Gesuchten so nahe bringen und ihn doch wieder in die Ferne rücken. — Von Halle konnte ich selbigen Tages nicht fort, buchhändlerische Geschäfte hielten mich zurück und eine Versammlung der „Lichtfreunde", die den folgenden Tag abgehalten werden sollte und die ich nicht versäumen durfte.

Mittwoch, den 22. April, bin ich eben im Gespräch mit Wislicenus, als ein langer Mann auf mich zutritt und sagt: „sie haben vorgestern auf mich einen Toast ausgebracht, nicht wahr?" — „sind sie Fröbel?" war mein erstes Wort. — „Ja, ich bin es." — Und vor Freude musste ich ihm die Hände schütteln und wusste mich kaum zu fassen.

Seiner Aufforderung folgend benutzte ich die Zeit bis die Versammlung begann, mit ihm im Garten auf und ab zu wandern. Was er mir damals alles sagte, wirkte fast betäubend auf mich, zu viel Neues wogte im Gespräch hin und her, nur einzelne kleine Bemerkungen mögen hier ihren Platz finden. „Das Innerliche muss zur Äußerung kommen" — war, was mir unter den ersten Mitteilungen am lebendigsten entgegentrat. Über diesen Gegenstand verbreitetste sich Fröbel in ausführlicher Weise; damals war mir dieser Gedankenkreis noch fremder, erst als ich in späteren Jahren Vieles und Ähnliches in seinen Werken las, gewannen auch die damaligen Mitteilungen wieder für mich höhere Bedeutung. Als seinerseits eine kurze Pause in den Mitteilungen eintrat, fragte ich ihn: „Welche Erfolge erwarten Sie denn aber von dem Spiele für die Erweiterung der Kenntnisse der Kinder?"

Und hier überraschte mich zu meiner hohen Zufriedenheit die kurze und schlagende Bemerkung: „Wenn Kinder sich mit Gegenständen des Lebens, sie nachbildend, zu beschäftigen haben, so wird der Wunsch, diese zu beobachten, immer mehr geweckt und die Aufmerksamkeit lebendiger." — Das leuchtete mir ein, dennoch konnte ich aber nicht über die Befürchtung hinaus kommen, die ja seinerzeit in Frankfurt bei mir angeregt wurde, dass das Spiel sehr leicht in Spielerei ausarten könne, auch hier verlangte ich von ihm Aufschluss. Diesen erhielt ich in Äußerungen, die mir damals noch weniger geläufig waren und deshalb nicht so rasch aufgefasst wurden, doch eines fühlte ich schon damals heraus, dass im Spiele selbst ein Fortschritt vorhanden sei, der zwar den Kindern nicht sichtbar, wohl aber, von der Spielleiterin erkannt und gelenkt, den geistigen Horizont des Kindes erweitert. —

Noch konnte ich mich aber nicht recht in den Geist dieser Anschauung hineinfinden, nur zwei Gesichtspunkte traten vor allem fördernd für mich hervor; es war mir zur Gewissheit geworden, dass die technischen Fertigkeiten, die Handgeschicklichkeiten, die Übung der Sinne des Kindes, in der Weise, wie sie schon von Rousseau und Pestalozzi gefordert, aber bis dahin noch nicht zur Ausführung gelangten, bei Fröbel entschieden weiter geführt würden. Nebenbei fühlte ich auch schon aus diesen ersten Mitteilungen heraus, dass gewisse mathematische Beziehungen von Fröbel festgehalten werden und bei seinem methodischen Gang grundlegend wirken.

Diese beiden Gesichtspunkte schienen mir auch damals schon von höchster Bedeutung und ich war entschlossen, besonders auf den letzteren näher einzugehen. — Die Glocke des Präsidenten rief uns jedoch zur Versammlung und wir betraten den Sitzungssaal, wo wir zunächst wieder voneinander getrennt wurden, indem dort jeder von uns von seinen Bekannten in Anspruch genommen wurde. In der Frühstückspause jedoch gelang es mir, Fröbel zum zweiten Male habhaft zu werden, auch er schien mich gesucht zu haben und abermals promenierten wir im Garten. Jetzt war die Reihe an mir, zu erzählen; ich ging auf meinen Studiengang näher ein und verweilte mit Vorliebe bei der Mathematik, die mich Moritz Stern in Göttingen gelehrt hatte.

Als ich ihm mitteilte, wie hier überall der Fortschritt in der Arithmetik parallel geht mit den geometrischen Anschauungen und wie die Postulats, die sich aus einzelnen Operationen ergeben, — wie etwa aus der Subtraktion die Lehre von den widersprechenden Größen, aus der Division die von den Brüchen und aus der Potenzen- und Exponentenlehre die von den imaginären Größen usw. — zu entwickeln wären, indem man die entsprechenden Erscheinungen an realen Kategorien aufsucht, da wurde Fröbel Feuer und Flamme und meinte: „Diese Auffassung müssen Sie mir noch näher erörtern, schade, dass wir uns schon heute trennen müssen." —

Nachdem wir einige Zeit hierüber gesprochen hatten, sagte er: „Kommen Sie nach Keilhau, es wird dort wohl für Sie eine Stelle als Lehrer für Mathematik zu finden sein und ich hoffe, Barop dazu zu veranlassen, dass er Sie dort anstellt." So schmeichelhaft mir dieses Anerbieten auch war, so stand es doch dem schon oft mitgeteilten Plan entgegen; die Vorbereitungen für meine Übersiedelung nach Leipzig waren schon überall getroffen und man erwartete mich dort bestimmt. Ich legte ihm das dar, doch Fröbel wollte von seinem ursprünglichen Plan nicht abweichen: „Überlegen Sie nochmals und schreiben Sie Bescheid;" — er wusste so freundschaftlich in mich hineinzureden, dass ich im Augenblicke sogar schwankend wurde und wenigstens ein nochmaliges Prüfen der Verhältnisse zusagte.

Doch fragte ich, wenn Barop für mich keinen Platz hätte — darauf meinte er: „Dafür kann ich Ihnen beinahe Gewissheit geben; übrigens werde ich in einigen Tagen in Keilhau sein, dort mit Barop sprechen und falls es schlechterdings unmöglich wäre, würde ich Ihnen abschreiben; seien Sie sicher, wenn in einigen Tagen keine Antwort kommt, können Sie unbedingt nach Keilhau reisen."

Im Laufe der nun folgenden Versammlung schied Fröbel, mir die Hand reichend, mit den Worten: „Auf Wiedersehen in Keilhau!"

Dass dies sich jedoch noch vier Jahre hinziehen und auch dann an anderem Orte stattfinden würde, ahnte keiner von uns. Fröbel war schon vor Schluss der Versammlung fortgereist. Nach Schluss derselben suchte ich meinen Freund Budstedt auf und teilte ihm den Vorschlag Fröbels mit. Im selben Augenblick kommt Heym auf uns zu — „sie sollen entscheiden, ob mein Freund Benfey nach Ufenau oder Königsberg soll!" Heym lachte und meinte, was ich denn an diesen Orten zu tun hätte? „In Königsberg soll er Journalist werden," meinte Budstedt, „und in Ufenau Mathematiklehrer, was wählen Sie?" „seltsam, jedenfalls aber würde ich für Königsberg raten." „siehst Du, Benfey," meinte Budstedt, „Leipzig ist gewählt, also das ist Königsberg!" „Was aber Ufenau?" fragte Heym. „Nun der Fröbelort Keilhau". Heym meinte, „da wäre doch noch Überlegung nötig, doch der Journalist entscheidet, denn: ‚Heraus, mein gutes Schwert, lass den Sickingen nicht verderben!' wird bei uns in den nächsten Jahren die Parole sein!"

3. Drei Wochen in Keilhau.

Unter dem Glühen der heißen Mittagssonne wanderte ich Mittwoch, den 10. Juli 1850 am Schaalbach und sann dem Entwicklungsgang der letzten Jahre nach; ich steuerte von Rudolstadt Keilhau zu, um meinen Freund, Doktor Budstedt, der dort wohl bestellter Lehrer geworden war, zu besuchen, und um mir durch ihn die Einführung in das Institut und die Kenntnis der dortigen Verhältnisse zu verschaffen. Von Königsberg nach Ufenau — dieser Gedanke summte und schwirrte mir fortwährend durch den Kopf. Mit welch' großartigen Hoffnungen war man damals in die Bewegung hineingetreten und wie tief niederschlagend war der Rückschlag gekommen, der sich aus dem großartigen Aufschwung ergeben hatte. Vor meinem Geiste zogen die Bilder vorbei, seit ich Berlin verlassen hatte; ich sah mich in Leipzig wirken und weiterbilden, bald auf der Tribüne, bald den Freunden lauschend.

Ein Bild zieht noch vorüber, an der Kasse des Theaters sitzt mein Freund Robert Blum und plaudert mit mir, bald über ein zur Aufführung kommendes Drama, bald über die wichtigsten religiösen und politischen Zeitfragen, deren Lösung man entgegenharre — das Bild verdüstert sich, der Tag in Berlin tritt vor mein Auge, wo mir das Zeitungsblatt entfällt, als ich den frühen Märtyrertod des Freundes lesen musste. — Vorbei, vorbei! Von Leipzig geht es wieder nach Halle, anderthalb Jahre geschäftig dort im journalistischen Kampfe mit Leo und der Clique der Feudalen, mit vielen Freunden verkehrend, immer fester die geistige Verbindung mit Rudolstadt schließend; dann kommt der Sturm von 1848, bald in Hannover, bald in Berlin, endlich in Stettin kämpfe ich ehrlich auf meinem Posten. Das düstere Gewitter, das sich von Mitte des Sommers heranzog, hatte ich schon in den ersten Märztagen nahen sehen; noch vor den entscheidendsten Kämpfen hatten die sogenannten „Bärenmützen-Demonstrationen" zu Paris mich belehrt, welche schlimmen Folgen aus der falschen Louis Blanc'schen Politik entstünden, die verschiedenen bürgerlichen Kreise gegeneinander zu Hetzen.

Ich stand auf der linken Seite, der Demokratie angehörend und die Richtung vertretend, die bald in Waldeck, dem preußischen Abgeordneten, den entsprechendsten Vertreter ihrer Wünsche sah. Auf diesem Standpunkt, den ich der Hauptsache nach mein ganzes Leben eingehalten und noch einhalte, auf diesem Standpunkt verharrend, trafen mich die Folgen der Reaktion erst nach und nach, während manche meiner Freunde schon früher unter deren Stößen zu leiden hatten.

Fürsorglich hatte ich diesen ausweichen wollen und schon seit Frühjahr 1850 meine journalistische Tätigkeit aufgegeben, mich auf Unterricht und literaturhistorische Studien geworfen, so hoffend, durch stilles, der Öffentlichkeit entzogenes Wirken die Gewitterwolken vorüber ziehen zu lassen. Doch auch aus dieser Verborgenheit scheuchte man mich auf, und ein Ministerial-Befehl, der schon im Jahre 1847 mir die preußischen Staaten verschlossen hatte, und 1848 aufgehoben war, wurde wieder erneuert.

Der Stettiner Freundeskreis, insbesondere der „Kaufmännische Club" jedoch beschloss, vor dem Scheiden mir noch eine Freude zu bereiten und ermöglichte es mir ein Vierteljahr, bis zu Beginn des Winters, in Thüringen zu leben und die dortigen Fröbelschen Schöpfungen kennen zu lernen. Ich erhielt den Auftrag, auf seine Kosten die dortigen Orte zu bereisen und nach Stettin über dieselben zu berichten.

schon ein Jahr vorher hatte ich Diesterwegs begeisterten Aufruf — eine Goethestiftung im Sinne der Fröbelschen Ideen zu schaffen — gelesen und es hatte mich sehr freudig gestimmt, auch Diesterweg, den ich seit 1848 kannte*), nun für Fröbel begeistert zu finden.

(Der Verfasser hat über sein Zusammentreffen mit Diesterweg und über die verschiedenen mit ihm gewechselten Briefe im Jahre 1870 in der Zeitschrift „Kindergarten" Mitteilung gemacht. (siehe „Diesterwegiana", Juliheft 1870.))

Mittlerweile war ich in das Dorf getreten und von einem Bauernburschen in das Schulhaus geführt worden. Der Ort sowohl, als die Anstalt machten gleich auf mich einen tief befriedigenden Eindruck. Ja, ein solches Heim ist der Platz, wo sich die Jugend wohl fühlen musste! Mit erhebender Freude schaute ich nach den hohen Bergen, die mich umgaben, der schöne baumbepflanzte Kirschberg an der einen und die mächtige Waldwand des Uhu und Steiger die andere Seite abschließend, der mächtige Kulm vor mir, das Fröbelsche Schulhaus überragend — es war ein harmonisches Bild. —

Eine Frau, ziemlich einfach gekleidet, anscheinend dem Hausgesinde angehörend, die ich aber später als Frau Direktor Barop kennen lernte, wies mich nach Budstedts Wohnung. Als dieser mich sah, brach er in vollsten Jubel aus: „Benfey, was führt Dich denn von der Ostsee in unser stilles Thüringen hinein?" „Ein Manteuffelscher Kabinettsbefehl", war meine Antwort. „Was, Du bist doch nicht hierher geschickt, die Demagogenhetze von 1826 gegen uns zu erneuern?" fragte er. „Nein, dass man sich dazu wohl einen andern wählen würde, kannst du Dir denken, diesmal bin ich der Gehetzte."

Nun ging es an ein Fragen und Antworten; er schilderte mir die Persönlichkeiten, die an der Schule wirkten, den Direktor, seinen Kollegen Middendorff und die sonstigen Lehrer, wo er gleich meine Aufmerksamkeit auf Schaffner lenkte, den jetzigen Vorsteher des Gumperdaschen Instituts, dann führte er mich zu Barop selbst, — der herzliche Westfale empfing mich in herzlicher Weise, die Biederkeit seines Charakters, sein offenes unbefangenes Wesen trat mir gleich in seinen Äußerungen entgegen. Budstedt teilte ihm sofort die ganze Sachlage mit und Barop meinte, „da müssen wir freilich vorsichtig sein; doch sind wir hier im Rudolstädter Land noch durchaus nicht sehr durch reaktionäre Maßregeln belästigt, es ist aber doch gut, wenn Sie hier Privatwohnung bei einem Bauern nehmen und den Besuch Ihres Freundes als Hauptzweck hinstellen; dass das für Ihren zweiten Zweck, für Studien und Schulbeobachtung kein Hemmnis sein wird, können Sie sich auf mich verlassen, es steht Ihnen zu allen Zeiten der Zutritt in jede Klasse offen, auch die Bibliothek, so dass Sie mit voller Muße von allem unterrichtet werden können; außerdem sind Sie, als meines Lehrers Gast, auch der meinige und ich bitte, dass Sie zu jeder Zeit den Tisch des Instituts benutzen, da Sie doch im Wirtshaus nichts finden werden."

Das war der erste so herzliche Empfang, der mir ungemein wohl tat. Seit jener Zeit habe ich nun schon gegen acht Mal im Laufe der Jahre Keilhau besucht und immer dieselbe Herzlichkeit dort gefunden. Die Darstellung dessen, was ich m Keilhau sah, erlebte und erlernte, kann im Rahmen der hier folgenden Mitteilung nur so weit in Betracht kommen, als es als Vorbereitung diente für meinen bald darauf folgenden Besuch bei Friedrich Fröbel. Barop und vor allem Middendorff, kamen mir in jeder Weise zuvorkommend entgegen bei allen Studien und Forschungen, die ich dort vornehmen wollte. Vor allem lag mir daran, einen lebendigen Einblick in die gesamte Fröbel-Literatur zu gewinnen, ehe ich Fröbel selbst besuchen würde.

Nach dieser Seite hin bot sich die trefflichste Gelegenheit, ich versenkte mich damals mit großem Feuereifer vor allem in die „Menschenerziehung", in das „Sonntagsblatt" und auch in die bis dahin veröffentlichten Nummern der „Fröbelschen Wochenschrift". Insbesondere die „Menschenerziehung" wirkte wahrhaft bewältigend auf mich und gab mir sofort die Richtung, die ich nachher bei allen meinen Fröbelstudien und Arbeiten eingehalten habe. Freilich frappierte es mich, dass in diesem grundlegenden Werke der Epoche des Schüler-, also des Kindes über sechs Jahre, ein so umfassendes Übergewicht über die Jahre gegeben wurde, von denen Fröbel mit Recht später hervorhob, dass sie die ganze spätere Schultätigkeit beherrschen, also der Zeit des Kindergartenalters. Ich suchte diese Lücken natürlich durch betreffende Abschnitte der späteren Schriften auszufüllen, was mir aber damals schwer gelang, weil die Tätigkeiten im Kindergarten eben schwer zu beschreiben sind und ich sonst noch gar keine Vorstellung hatte, wie dort gearbeitet und geschaffen würde. ´

Es gab dies zu mannigfachen Mitteilungen und Erörterungen Anlass; insbesondere Middendorff suchte mir das Tun des Kindergartens klar zu machen, indem er ein oder das andere Spiel, diese oder jene Beschäftigung erörterte und den Gang zeigte, wie eben die Sache praktisch gemacht wird; auch veranlasste er hie und da einige Knaben, solche Spiele aufzuführen. Auch Alwine Middendorff, die damals als Wichard Langes Braut zu Hause beschäftigt war, ihre Aussteuer in Stand zu setzen, machte mir viele Mitteilungen, und ihre frühere Wirksamkeit im Hamburger Kindergarten der Frau Doris Lütkens befähigte sie dazu vortrefflich. Sie vor allem führte mich in die „Mutter- und Koselieder" ein, spielte und sang mir dieselben vor. Allmählich dämmerte mir die Bedeutung derselben; auch diesen Umstand lernte ich später als ein wichtiges Moment für die Beurteilung der Sache und für meine Stellung zu ihrem Schöpfer kennen.

Von vornherein erkannte ich, dass der Kindergarten nicht als eine von der Familienerziehung abgetrennte Bestrebung aufzufassen sei, dass im Kindergarten dasjenige fortgesetzt werden müsse, wozu in der häuslichen Erziehung das erste Fundament gelegt wurde.

Während mich also die Fröbelstudien hier sofort zur richtigen Erkennung der grundlegenden Prinzipien führten, lernte ich gleichzeitig den Vorteil der Fröbelschen Erziehung-weise an den Keilhauer Schülern kennen. Dieses frische unbefangene Leben, die Freudigkeit, mit der die Kinder sich allen Eindrücken des Lebens hingaben, tat mir unendlich wohl; ja das ist, so mochte ich mir sagen, das Material, aus dem sich eine tüchtige, strebsame Jugendtätigkeit schaffen lässt!

Ich besuchte mit Freund Budstedt und anderen Lehrern die verschiedenen Beetchen, welche die Kinder am Kulm angelegt hatten, sah sie im heißen Sommer gleich nach den Schulstunden hineilen, mit ihren Gießkännchen hoch auf dem Berge ihre Pflanzen begießen, sah, wie nett und praktisch sie die Wege geführt hatten, um mit ihren Schiebkarren die nötige Gartenerde hinauf fördern zu können, erstaunte, wie der individuelle Geschmack sich eigentümlich ausbildet, dieser mit Blumen, jener mit Muscheln den Umschluss der Beete abgrenzt; der junge Florencourt hatte sogar mit allerlei Tierknochen und Gebein merkwürdige Wälle aufzuführen gewusst. Es war, als ob der eigentümliche Zug seines Gemüts, der sich später in seiner journalistischen Tätigkeit offenbarte, schon damals in seinen ersten Gartenarbeiten den ersten Flügelschlag versuchte — so musste ich mir später oft sagen, wenn ich mich an die damalige Erscheinung erinnerte.

Auch in den Stunden hospitierte ich fleißig, bald in den Klassen selbst, bald auch, wenn im Freien unterrichtet wurde, wie das Middendorff ja so sehr liebte und oft tat. Kurz, das Keilhauer frische Leben wirkte in der anmutigsten, anregendsten Weise auf mich, hob meine, durch die letzten Vorgänge noch gedrückte Stimmung immer mehr, ließ mich mit freudigem Gefühl in die Zukunft schauen und mit froher Hoffnung Fröbel entgegensehen. Auch über das Historische und Biographische von Fröbel und seinen Freunden unterrichtete ich mich fleißig während meines dortigen Aufenthaltes. Die beiden damals gedruckten Biografien von Diesterweg im Jahrbuch und von Wichard Lange gaben mir dazu die Umrisse, die mir aber nicht genügten. Ich musste Näheres erfahren; auch hier waren Barop und Middendorff mir sehr entgegenkommend;

manche interessante Notiz, die ich später veröffentlichen konnte, entstammt ihren damaligen Mitteilungen. Aber auch die Freunde wollten von mir manches erfahren über den früheren Plan Fröbels, mich hier als Lehrer zu beschäftigen.

Anfänglich war, wegen der Betrachtung der damaligen politischen Verhältnisse, darüber wenig gesprochen, erst gegen Ende meines Aufenthaltes kam Barop darauf zu sprechen, dass Fröbel sehr böse gewesen sei, wie die Leipziger Freunde mich nicht frei geben wollten und ich also mein früher gegebenes Wort einlösen musste. Barop erzählte mir dann, wie er sich in ähnlicher Situation, wie die meine, befunden hatte, als in den zwanziger Jahren die Burschenschafter verfolgt wurden, wie auch er damals nach Keilhau gekommen, da geblieben, Lehrer geworden, bald in die Familie geheiratet und endlich die ganze Führung des Instituts übernommen hatte. Wir sprachen dann über meine Pläne, die zunächst auf literarische Wirksamkeit hinausgingen, erwogen aber auch den möglichen Fall, dass ich in das Lehrfach eintreten würde.

Barop wies auch auf die Möglichkeit hin, dass ich in späteren Leiten in Keilhau einen Platz finden könne, doch meinte er, sei es besser, dass, wenn ich meine Wirksamkeit als Lehrer begönne, zunächst das Ausland, vor allem die Schweiz, die Stätte meiner Wirksamkeit sein solle. Später, nach Fröbels Tode im Jahre 1852, wo ich ebenfalls in Keilhau mit ihm sprach, wiederholte er dasselbe und er und Langethal verschafften mir manche wichtige Anknüpfungen für meine Schweizer Wirksamkeit; doch eröffneten mir Diesterweg und Middendorff damals zuvor Wirksamkeit in Dresden beim Marquardschen Instituts. Middendorff wollte vor allem meine Entwicklungsgeschichte kennen lernen, ich musste ihm alle meine Erlebnisse von der ersten Zeit meiner Erinnerung, bis zum Augenblick, wo ich nach Keilhau gekommen war, mitteilen.

Schon bei der ersten Zusammenkunft fragte er, welche innere Erfahrung insbesondere mich auf Fröbel aufmerksam gemacht hätte. Ich erzählte ihm das Wiesbadener Abenteuer und wie schon damals mich frappierte, dass Fröbel die Handgeschicklichkeit und den richtigen Gebrauch der Sinne anstrebe, und fügte hinzu, dass mir dieses jetzt noch, wie auch damals, der wichtigste Gesichtspunkt gewesen sei. Ich musste ihm dann von der eigentümlichen Erziehungsweise erzählen, die mein Vater mit mir vorgenommen hatte und wie dadurch die körperliche Geschicklichkeit auf Kosten geistiger Entwicklung vernachlässigt sei, und wie dies im Laufe des Lebens immer mehr als Hemmnis hervortrat und es darum für mich so wichtig sei für die spätere Jugend Mittel aufzufinden, um in geeigneter Weise dagegen anzukämpfen.

„Ja, ja," meinte Middendorff, „in Fröbels Methode steckt Vieles, alles erkennt man am Anfang nicht, nur Weniges, darin aber zeigt sie sich so wahrhaft und bewegend, dass jeder die Seite erfasst, die für ihn am wichtigsten ist." Am 14. Juli war ein gemeinsames Schülerfest am Steiger und ich lernte dabei zuerst die sinnige Weise kennen, wie eben bei diesen Festlichkeiten am Berge die Kinder auf die mannigfachste Art beschäftigt wurden.

Der alte blinde Bruder Fröbels, der Vater der Frauen Middendorff und Barop und Elise Fröbels, der späteren Frau Schaffner, ward auch dorthin geführt und saß in ehrwürdiger Haltung an der Steigerquelle, umgeben von einer Zahl frischer Kinder, denen er erzählte. Nicht weit davon saß Schaffner mit älteren Knaben und teilte ihnen mit von seinen Schicksalen als akademischer Legionär im Oktober 1848 in Wien; auf einer etwas höheren Terrasse spielte Middendorff mit den Kindern, wenn diese Verstecken oder ähnliche Spiele Vornahmen. Allmählich verloren sich die verschiedenen Gruppen im Walde und der blinde Bruder Fröbels fing mir nun an zu erzählen von den ersten Zeiten Keilhaus und wie unter Schwierigkeiten und Kämpfen der Grund gelegt wurde für das jetzt so blühende Institutsleben.

Solche kleine Feste erlebte ich einige Mal dort und nahm ein frohes Gefühl von ihnen mit. Auch zu Vorträgen wurde ich aufgefordert; ich hatte den Winter vorher in Stettin über die Entwicklung des Dramas bei den Griechen, Spaniern, Engländern und Deutschen einen zusammenhängenden Kursus veranstaltet, der manche Anerkennung gefunden hatte; aus diesem wollte ich nun Auszug und Mitteilung geben. Es geschah dies an drei Abenden in der Woche während meines Aufenthaltes. Middendorff war von den Mitteilungen hoch erfreut. Einzelnes musste ich ihm den folgenden Tag wiederholen und ausführen, während er es in sein Skizzenbuch eintrug.

Er war dagegen auch so freundlich, mir oft halbe, ja ganze Tage zu Ausflügen zu widmen. Auf einem stillen schattigen Waldplätzchen musste ich ihm am 27. Juli die Grundzüge meiner philosophischen Anschauung mitteilen, am 29. Juli führte er mich in der Umgebung Keilhaus herum, erst nach Volkstädt, mir Schillers ehemalige Wohnung zeigend, dann von da zur benachbarten Schillerhöhe, zu den Anlagen bei Cumbach und endlich in die Sammlung des Rudolstädter Schlosses. Schon vorher hatte ich, von zwei Keilhauer Schülern begleitet, eine Partie durch das Schwarzatal nach Fröbels Geburtsort unternommen und mir vom dortigen Pfarrer von Oberweißbach die Zimmer zeigen lassen, in denen dieser große Denker seine Jugend verlebte. Auch der Kantor Steiner daselbst übermittelte mir viel Interessantes über seinen Verkehr mit Fröbel, vor allem aber war es seine Tochter, die frühere Kindergärtnerin im Veit'schen Institut zu Hamburg, die mir mit großer Bereitwilligkeit zum ersten Mal das sämtliche Material der Fröbelschen Schule vorzeigte, vom Faltblatt bis zu den feinsten Ausführungen im Flechten usw.; es war das erste Mal, dass ich dies sah (Alwine Middendorff war nicht dazu gekommen, ihr diesbezügliches Versprechen einzuhalten) und ich war ganz entzückt über dieses nette, anregende Material.

Mit einem Worte, ich habe die Zeit in Keilhau wacker benutzt und nach allen Seiten hin Fundamente gelegt; endlich aber nahte der Tag der Abreise. Middendorff meldete mich bei Fröbel an, gab mir aber außerdem noch ein ausführliches Schreiben an diesen mit und meinte: „sie Werdens nötig haben, er ist noch immer wegen des damaligen Imstichelassen ein wenig verdrossen auf Sie, aber ich denke, wenn Sie erst in Liebenstein sind, wird sich bald diese kleine Differenz ausgleichen." —

So schied ich herzlich am 1. August, nachdem die Freunde mir bis auf die Höhe des Steigers das Geleite gegeben hatten und wanderte mutig und froh durch den Wald über Paulinzella und Ilmenau nach der Schmücke zu, von da, über den Kamm des Gebirges steigend, an den Eisenhütten herunter bis nach Liebenstein, wo ich am 3. August endlich eintraf, mich im Ortswirtshause einquartierte und sofort über Wald und Hügel nach dem Wohnsitze Fröbels, nach Schloss Mariental eilte.

4. Ein Nachmittag bei Friedrich Fröbel.

„Ja, so machen sie es immer! Sie sind auch wie die anderen, wenn Sie erst in der Not drin sind, dann soll der alte Fröbel kommen und helfen; wären Sie 1846 statt nach Leipzig zu gehen und in Zeitungen zu wirken, bei diesem Geschlecht, das ja noch gar nicht fähig ist, die höheren Ideen zu verstehen — wären Sie damals zu mir nach Keilhau gekommen, so wäre Ihnen die ganze Geschichte mit dem Ministerialbefehl erspart geblieben. Wie soll ich mich aber jetzt zu Ihnen verhalten, Barop und Middendorff werden Ihnen ja selbst gesagt haben, wie seinerzeit der Schoppen in Berlin mich verfolgte; soll ich auf die Kindergartensache auch den Vorwurf der Demagogie kommen lassen?

Ich bin nachgerade alt genug geworden, um endlich von den Kämpfen und Stürmen des Lebens verschont zu werden. Nimmt man's mir ja sogar übel, dass ich das herzliche Entgegenkommen Diesterwegs, der doch eine so große Säule der Pädagogik ist, nicht zurückgewiesen habe, weil er ein Suspendierter ist; ich weiß nicht, ob ich Sie einladen kann, hier länger zu bleiben und sich die Sache anzusehen, ich muss an mich selbst denken." — So war der Hauptsache nach der erste Empfang, den mir Fröbel bereitete, wenigstens dem Sinne und Inhalte nach, wenn ich auch nicht jedes einzelne Wort dieser Rede im Gedächtnis behalten habe. Er war verstimmt und schien trotz des vorbereitenden Schreibens von Middendorff doch gar nicht so sehr über meinen Besuch erfreut, wie ich es wünschte. Doch die Freunde in Keilhau hatten mich hierauf schon vorbereitet, ich ließ mich also nicht abhalten, sondern legte ihm auf das freundlichste die Sachlage dar und überreichte gleichzeitig das mir mitgegebene Schreiben Middendorffs.

Während er dasselbe in die Hand nahm und öffnete, machte er mich auf eine Reihe schöner Flechtarbeiten aufmerksam, die eine seiner Schülerinnen gemacht hatte. „Sehen Sie sich diese an, da tritt das Gesetz der Entwicklung deutlich hervor." Nun mich dem Beschauen einzelner Gegenstände überlastend, las er mit Ruhe den Brief weiter; mitten in der Lektüre jedoch wurde er in das andere Zimmer gerufen, mich in banger Erwartung zurücklassend. Nach etwa 5 Minuten kam er flüchtig wieder herein: „Ja ja, der Middendorff legt ein sehr warme-, gutes Wort für Sie ein und ich möchte ja so gern auch an Ihnen wieder einen Schüler und freundlichen Teilnehmer meiner Bestrebungen gewinnen, aber alle die Bedenken, die zu erwägen sind, — hm, hm," — er schüttelte mit dem Kopfe. Ich hob hervor, dass die Pädagogik ja ein neutrales Feld sei, auf dem die verschiedensten Kräfte sich regen dürfen, dass man es dem Schöpfer einer neuen Lehre unmöglich verargen könne, dass er Anregung nach allen Seiten auszustreuen beflissen sei.

„Ja wohl," meinte er, „ich habe ja auch diesen Weg fortwährend verfolgt; die verschiedensten Richtungen in Deutschland nehmen sich meiner Bestrebungen warm an, neben den orthodoxen Frömmsten bis hin zu den Freireligiösen Gemeinden, habe ich schon Anhänger für meine Grundsätze, und allen diesen komme ich mit gleicher unbefangener Teilnahme entgegen, aber man legt es mir doch vielfach übel aus und ich kann nicht genug vorsichtig sein. — Sehen Sie sich einen Augenblick noch die Arbeiten an, ich habe drinnen Besuch," sagte er und abermals ließ er mich, fast eine halbe Stunde, allein, offenbar in Beratung mit anderen Bekannten. In der Zwischenzeit kam eine Dame, die ich später als Fräulein Levin, seine nachmalige Gattin, kennen lernte, in das Zimmer, erkundigte sich nach einer Schwägerin von mir, mit der sie in der Jugend in ihrem Heimatsorte Osterode aufgewachsen war.

Bald kamen wir im Gespräch auf die ersten Grundlagen der Erziehung und von Fräulein Levin hörte ich zuerst mit großem Interesse die Wichtigkeit hervorheben, die Fröbel auf richtige Behandlung der Kinder in den ersten Lebensjahren legte. Immer bedeutungsvoller trat mir schon in diesem Gespräch der Kern seiner Bestrebungen entgegen, doch schaute noch vieles dunkel und nur ahnungsvoll daraus hervor. — Nachdem Fräulein Levin mich verlassen, kam eine andere Dame mit dem Auftrage von Fröbel, mir einige neu angefertigte Faltblätter vorzulegen und zu erklären. Während der Mitteilungen sagte sie auch: „Sie kennen meinen Vater, sagte mir Fröbel," und stellte sich als Hermine Diesterweg vor. Nun wurden auch einige Worte über diesen gewechselt und während dieser Unterredung kam Fröbel wieder: „Ja, ja, sehen Sie, da hat mir der Diesterweg ein liebes Pfand zurückgelassen, seine Tochter soll auch Kindergärtnerin werden; Sie sehen, wie überall jetzt das Interesse wächst."

Als sich nun mittlerweile Fräulein Diesterweg entfernt hatte, sagte mir Fröbel: „Jedenfalls können Sie bis übermorgen hier bleiben, und Sie treffen es gut, wir haben morgen ein großes Spielfest auf dem Altenstein, wo Sie unsere Spiele von einer Schar ausgeführt sehen können, wie sie wohl in solcher Masse selten zusammen ist, und heute Nachmittag werden Sie die Kindergärtnerinnen hier mit den Kindern spielen sehen. Mittwoch und Sonnabend kommen immer aus verschiedenen Dörfern der Umgegend die Kinder an und wir leiten ihre Spiele; Sonnabend ist sogar weit interessanter noch als Mittwoch, an diesem kommen nur die Schweinaer und Liebensteiner Kinder, Sonnabend aber, da kommen aus Barchfeld die kleinen Judenjungen und die sind ungemein intelligent, beleben das Spiel ganz besonders — nun Sie werden sie ja sehen und Ihr Urteil abgeben."

Da es noch zwei Stunden bis 5 Uhr war, wo das Spiel begann, hatte ich die Absicht, mich zu empfehlen, um dort nicht aufzuhalten und um mir in der Zwischenzeit die Gegend anzusehen, doch Fröbel gab es nicht zu: „Nein, nein, das geht nicht. Sie müssen erst mit uns das Vesperbrot einnehmen, dann können Sie sich auf ein halbes Stündchen nach dem nächsten Hügel begeben, während ich Einiges vorbereite, aber erst müssen Sie mit unserer Kindergärtnerinnenschar gemeinsam den Kaffee getrunken haben. Sie kennen ja die Keilhauer Sitte, keinen so lieben Gast nüchtern scheiden zu lassen." Dieser freundlichen Bitte konnte ich nicht widerstehen und wurde nun von ihm zum ersten Male aus seinem Arbeitszimmer in den benachbarten großen Speise- und Unterrichtssaal geführt. Lebhafte Unterredungen, die sich meist auf allgemeine Fragen der Pädagogik erstreckten, oft aber auch auf Detaillierteres, fanden nun statt und ich war unter diesem kreuzenden Hin und Her wie betäubt und fasste nur Einzelnes auf, es mit dem vermittelnd, was ich früher in Werken darüber gelesen.

Mir tat deshalb die halbe Stunde, die mir noch vergönnt war, auf dem Wege nach dem Kirchhof zu wandeln, recht wohl; der Blick in das schöne herrliche Tal, die Häuser des benachbarten Dorfes und die in der Ferne hervortretenden Anlagen des Schlosses Altenstein bildeten einen schönen Rahmen für die mit Wiesen und Kornfeldern reich gesegnete Gegend. Das Behagliche und Wohltuende in diesem Tal wirkte höchst befriedigend auf mich und erweckte in mir so lebhaft das Gefühl, wie innig sich die Fröbelschen Ideen an die umgebenden Naturschauplätze anschließen und mit welch' feinem sicheren Takte er sich immer den Aufenthalt gewählt, von dem aus er wirkte. Immer mächtiger drängte sich mir der Gedanke auf, dass er, ein wahrer Schüler Rousseaus, auf den innigen Einklang mit den Naturerscheinungen die Harmonie der Seele gründen will. Ich sagte mir, wie wohl müssen sich die Mädchen hier fühlen, die unter dieser tief gemütvollen und einsichtigen Leitung in das Anschauen und Genießen der Naturerscheinungen eingeführt werden und die Kunst lernen, wie sie der Jugend dieselben mitzuteilen haben.

Unwillkürlich wuchs in meiner Seele das Bild hervor, das erst in späteren Jahren, bei vollendetem Studium der Fröbelschen Entwicklungsgeschichte, mir als völlig begründet dastehen konnte, das aber jetzt schon vor meine Seele trat. Ich sah den Mann von Jugend auf im frischen Naturleben erwachsen, sah sein Auge sich lenken auf alle menschlichen Tätigkeiten, auf Gewerbe und Arbeiten aller Art, sah ihn als Jüngling ringen, einen Mittelpunkt zu finden, von dem aus er diesen Ideenkreis beherrsche, sah ihn mit Schwierigkeiten kämpfen und Schritt für Schritt gekräftigt werden, seine Erziehungsidee, die ursprünglich an den Schüler als Bildungsobjekt herantreten wollte, weiter in die Mutterstube tragen, bis er genötigt war, beim Säugling die ersten Grundlagen seiner neuen Idee festzustellen. Ahnungsvoll, hie und da noch verschleiert, aber in immer mächtigeren Zügen, trat mir das Bild der historischen Mission dieses Mannes entgegen, ich erstaunte, dass er, trotz vieler Fäden, die ihn mit den Erscheinungen einer untergehenden Welt verbanden, doch in seinem ganzen Wesen einer neuen Zeit angehöre, dass hier sich Bestrebungen vereinigten, die von den verschiedensten Richtungen ausgegangen, nur einmal sich berühren konnten, um neu befruchtend, von da ab auch wieder in neue Bahnen einzulenken. In sich verschiedenartige Bestrebungen sammelnd, schien mir auch Fröbel für verschiedene Andere der Ausgangspunkt sein zu müssen.

So mit Wärme für ihn und sein Werk erfüllt, kehrte ich wieder nach dem Schlosse zurück. Ich fand ihn schon unten, auf dem großen Platze vor dem Schloss, eben die Vorbereitung zur Ankunft der Kinderschar treffend, — „Gut, dass Sie kommen," sagte er und nötigte mich in die Laube hinein, „sie müssen mir noch

Einiges von der Art und Weise erzählen, wie der Professor Stern Mathematik unterrichtet hat, wissen Sie, die ganzen vier Jahre hat es mir keine Ruhe gegeben, ich habe mich damals recht über Sie geärgert, dass Sie nicht nach Keilhau kamen." Ich erfüllte seinen Wunsch und teilte ihm die Grundzüge der Methode mit, wie sie ja jetzt auch im Werke des Professor Cantor in Heidelberg der Hauptsache nach dargelegt ist. „Ja," sagte er, „so muss man's in der Mathematik machen, zuerst das Problem aufstellen und dann suchen, wie man dem Problem Genüge leisten kann, es findet sich überall dann in der Natur das hierzu Anregende; es ist ja richtig, der Begriff der Richtung oder der Teilbarkeit ist kein ursprünglich mathematischer, er ist aus der Natur und ihren Erscheinungen entlehnt.

Übten wir nicht Bewegungen nach vor- und rückwärts, rechts und links, der Begriff der Richtung ginge uns ja nie auf, und ebenso erfahren wir ja die Teilbarkeit, wenn wir einen Apfel teilen; — sehen Sie, das habe ich auch längst erstrebt, als ich die Erkenntnisformen in meinen Spielgaben einführte; kommen Sie, das müssen Sie sehen" und schnell einer Kindergärtnerin zurufend, ließ er sich die „3. Gabe" bringen und zeigte mir auf einem in der Nähe stehenden Tische das ganze Entwicklungsgesetz der Erkenntnisformen. Ich war überrascht, die geistreiche Art und Würde, womit er es auffasste, die Weise, wie er förmlich pädagogisch darlegte, wie es mit den Kindern durchzuspielen sei, erschloss mir abermals ganz neue Seiten der Behandlung der Anschaulichkeit solcher Dinge.

Während wir aber noch im Gespräch waren, kam eine muntere Schar von Schweina an und schon war Fräulein Levin beschäftigt, diese Schar zu ordnen. Auch Fröbel packte rasch die Sachen ein und begab sich nach oben. „O, da kommen ja schon die anderen Abteilungen auch, da oben vom Bergsteig die Liebensteiner und da auf der Straße wandern meine Barchfelder!" Ich sagte, das geht ja wie in Schillers „Tell" am Rütli, es fehlte nur, dass die Partie auch im Kahne komme. Fröbel amüsierte sich damit köstlich und meinte, ob er nicht den Liebensteiner Schülern ein Stierhorn mitgeben solle, wie den Uriern, die über den Pass kamen; „übrigens," fügte er hinzu, „haben wir in Keilhau oft Ähnliches gehabt, mein Neffe Julius, den Sie ja auch kennen, hatte sich mit einem andern Schüler das Spiel des Waldhorn eingeübt und oft, wenn wir in stiller Ruhe im Tale saßen, ertönten die langgezogenen Klänge unserer Schüler und erinnerten uns an deren Waldstreifereien."

Nun sollte ich zum ersten Male Fröbelsche Spiele, von großen Scharen ausgeführt, sehen; der alte Meister trat selbst in die Rechen der Kinder hinein und die sechs bis sieben Kindergärtnerinnen halfen ihm die Schar leiten. Ich sah hier nun die Spiele zuerst aufführen, von denen ich so viel gelesen hatte, auch manch neue traten mir entgegen.

Am tiefsten wirkte auf mich das Spiel „Häschen in der Grube saß und schlief"; es war eine so natürliche Dramatik darin, wie ich sie nicht mehr erlebt, bei den Worten: „Armes Häschen bist Du krank?" näherten sich etwa 3—4 Kinder und strichen das arme, kranke Häschen, das seine, mit den Händen nachgeahmten Öhrchen traurig hängen ließ. Nun spitzten sich diese Öhrchen, d. h. die Hände erhoben sich aus der geballten Stellung zu gerader Höhe und nickten, bald nach rechts, bald nach links, das Köpfchen des Kindes hob sich und beim „Häschen hüpfe" schienen die anderen in der vollsten Freude zu sein, als wenn in der Wirklichkeit die Heilung eines kranken Häschens gelungen sei, das nun fort hüpfte. Überhaupt wirkte Fröbels Geist bei den Spielen so mächtig auf die Kinder, dass sie fast vollständig in die Sache versenkt schienen; er selbst machte es mit so viel innerer Wahrheit, mit solcher Seelenbeteiligung mit, dass er unwillkürlich Kindergärtnerinnen und Schüler mit sich fort riss. Ein bloß formales Spiel, wo eben nur die Spielbewegungen mitgemacht werden, ohne dass sich die Seele der Kinder in den Spielwerken versenkt, wie ich es später wohl oft in sehr gerühmten Kindergärten gesehen hatte, war bei ihm nicht möglich; so lebte sein Geist in den Dingen und riss unwillkürlich alle fort. Da war ein Spielen, wo eben das ganze Seelenleben mit aufging und mitwirkte; davon gewann ich sehr rasch die Überzeugung und ein sechswöchentlicher Aufenthalt dort ließ mich die am ersten Tage gemachte Erfahrung noch immer deutlicher als die richtige erkennen.

Es fand nun das „Taubenhaus" statt, das mir schon Alwine Middendorff am Klavier vorgesungen und erklärt hatte, doch war die frische Lebendigkeit, mit der die Kinder ausflogen, die Flügel regten und sich wieder einstellten und dann die dramatische Kürze, mit der sie ihre Erlebnisse mitteilten, höchst interessant; nun kam „Katze und Maus" an die Reche und immer mächtiger war die Lust der Jugend. Doch jetzt schien Fröbel in dem zu lebhaften Spiel innehalten zu wollen und es wurden Kreisspiele vorgenommen, die mehr am Platze geübt wurden, das „das Kindchen senkt sich nieder" und „die Stampfer in der Mühle" brachten wieder neue Abwechslung, dann ein Marschierspiel und „das Bällchen muss jetzt wandern", wobei die schönen farbigen Bällchen verteilt wurden, brachten reiche Abwechslung hinein. Endlich wurde dem Wunsch der Kinder nachgegeben und noch „Raubbienchen" und demnächst „Zwei Vöglein sind verbunden" gespielt.

Ein großer Besuch hatte sich, teils vorher, teils in der Zwischenzeit eingefunden, wie das meist von den Badegästen Liebensteins geschah, die sich von Zeit zu Zeit das Spiel ansahen. Manche derselben, mit denen ich in den Pausen sprach, waren schon lebhaft von der Bedeutung einer solchen erziehlichen Tätigkeit erfasst; besonders eine alte Dame aus Schleusingen, die in Liebenstein die Badekur gebrauchte, war eine warme Anhängerin Fröbels. Manche skeptische Äußerung hörte ich auch. Ein junger Mann, der mit zwei Damen vom Bade gekommen war, machte sich immer über Fröbel und seine Kindergärtnerinnen lustig: „Nun fangen sie nicht endlich eine Quadrille an," fragte er, — „der lange hagere Fröbel möge sich doch das kleine Fräulein da als Partnerin nehmen" — damit auf eine Kindergärtnerin weisend. Zu meiner Freude trat ein älterer Bürger aus der Gegend an diese Gesellschaft heran und sagte: „Wenn sie Ihnen nicht gefallen, nun. Sie sind ja nicht verpflichtet, hier zu bleiben." Der Herr murmelte Einiges verdrießlich und wanderte mit seinen beiden Damen später weiter. Da waren wohl die einzigen Unzufriedenen, die ich sah, die meisten anderen nahmen an den Vorgängen freudig Anteil und schienen, bald mehr, bald weniger, für die Sache gewonnen. Fröbel begleitete noch die Kinderschar bis an die Grenze seines Hause-, dann wandte er sich zu mir zurück: „Run, für heute muss ich Ihnen gute Nacht sagen, morgen sehen Sie sich mit mir das Spielfest auf dem Altenstein an und Montag werden wir noch weiter sprechen können, jedenfalls werde ich auch noch einige Stunden gewinnen, um mit Ihnen zu sprechen; übrigens hoffe ich, wir werden Ihrem Wunsche gemäß noch etwas länger beisammen bleiben, ich will mir mit einigen Freunden die Sache überlegen, vor allem mit der Dame aus Hannover, die meiner Sache sehr gewogen ist und welche die hannöverischen Verhältnisse kennt und mir am besten Rat darüber geben kann, — also auf Wiedersehen morgen Nachmittag in Altenstein."

Damit schied ich und nahm den Eindruck mit, dass ich heute das Wirken eines höchst bedeutenden Mannes beobachtet und die Grundlage einer wichtigen Erkenntnis gewonnen hätte. *

5. Das Spielfest zu Altenstein

Von der Schweinaer Tropfsteinhöhle, die ich mit einer großen Gesellschaft gemeinsam unter Fackelschein besucht hatte, stieg ich vom Dunkel bergauf zu den herrlichen Anlagen des Altensteins. Ein Gefährte, mit dem ich schon den ganzen frischen Sonntagmorgen des 4. August zugebracht hatte, führte mich von der großen Linde unter dem Schloss ab, einen Seitenweg hinauf nach dem Pavillon, der hoch auf den Felsen steht, so dass ich vom äußersten Ende der Anlagen ausging und erst in langsamen Windungen zum Schloss hinauf wandelte.

„Was haben wir nicht alles heute schon gesehen," meinte mein Begleiter, „nach dem Frühstück im Garten unseres Wirtshauses stiegen wir auf die Burg zu Liebenstein hinauf, sahen das Naturtheater, bewegten uns um das Kurhaus und seine Anlagen und haben in tief dunkler Nacht mit Fackeln die Steinbildungen bewundert und jetzt streben wir wieder von der Nacht zur Helle auf und haben auf mächtigen Felsen Platz genommen."

„Ja," erwiderte ich, „so geht es vom Hellen in das Dunkle, vom Dunklen ins Helle, aus der Tiefe in die Höhe, das muss menschliche Aufgabe sein;" — „warum kehren Sie denn hier nicht auch den Satz um, warum nicht auch von der Höhe zur Tiefe?" fragte mein Reisegefährte. „Menschliches Schicksal ist es freilich, und wie das Niedrige erhöht, so wird auch das Hohe erniedrigt, aber anstreben soll es der Mensch nicht. Ein Euphorionsatz aus Goethes „Faust": „Immer höher muss ich steigen, immer weiter muss ich schauen" muss ja bei uns Lebensaufgabe sein und ich glaube, ich habe einen bedeutungsvollen Schritt getan. Weites zu schauen: In den Fröbelschen Spielen, in den Mitteilungen dieses Mannes finde ich hohe und bedeutungsvolle Richtungen für die Zukunftsbestrebungen und heute glaube ich noch mehr an geistigen Gehalt zu gewinnen."

„Fangen Sie wieder von Fröbel an," meinte der Begleiter, „schon auf dem halben Wege haben Sie mich von dieser Erscheinung unterhalten, ich bin doch recht gespannt auf den sonderbaren Mann, von dem man im Gasthaus sagt, er sei ein alter Narr und den Sie so hoch stellen." — Ich wollte Einiges erwidern, aber eine den Berg besteigende Gesellschaft unterbrach uns. „Haben Sie die Äolsharfe schon gehört?" war das erste Wort eines in einfacher Bergtracht gekleideten jungen Mannes. „Nein," war meine Antwort. Auf die Aufforderung dieses Mannes begaben wir uns nun dorthin und gerieten in lebhafte Gespräche über das Entstehen dieser eigentümlichen Töne. Man verlor sich in akustische Betrachtungen und stritt hin und her, bis wir allmählich vor der Terrasse des Schlosses angelangt waren, im Wirtshaus Platz nahmen, um ein ländlich bescheidenes Mahl einzunehmen. Allmählich füllten sich auch die anderen Tische in unserer Mitte und immer größere Scharen strömten aus der Stadt heran, bis man endlich noch Tische über die Terrasse zog, die heranrückenden Kinderschrecken erwartend. Welch' ein Haufen von Menschen fand sich hier ein, Badegäste, gemischt mit ländlichen Bewohnern aller Art; die zierliche, halb städtische halb ländliche Tracht der Ruhlaer zog mich damals besonders an.

Mit großem Behagen sah ich die lebendige Teilnahme dieses ganzen Menschen-kreises. Allmählich nun rückten von nah und fern die verschiedenen Kinderschrecken heran; nicht bloß aus den drei benachbarten Orten, wie gestern, sondern von weit her, von Steinbach und selbst von Salzungen kamen sie an, geschmückt mit ihren Sonntagskleidern und mit Blumen geziert, die Mädchen meist in weißen Kleidern mit zierlichen Kornblumenkränzen auf dem Kopfe, die Knaben im Sonntagsrock mit großen Blumensträußen im Knopfloch. Die zwei Stunden weit entfernten Salzunger waren auf laubgeschmückten Wagen gekommen und mit donnernden „Fröbel hoch" zogen die Kinder auf ihre Plätze.

Das Spielfest, durch Fröbels authentische Mitteilungen bekannt, selbst zu beschreiben, hatte ich, nach der klassischen Darstellung, die Frau Baronin von Marenholtz-Bülow (in den „Gesammelten Beiträgen", im ersten Bande) gegeben hat, für überflüssig, ja es wäre vermessen, nachdem eine so beredte und sachkundige Feder darüber geschrieben hat, noch meine schwachen Kräfte daran zu versuchen. Nur Einiges, wichtige Eindrücke und zufällig gemachte Beobachtungen, werde ich mir erlauben, einzufügen.

Unter allen Spielen, die ich dort sah, wirkten fast bezaubernd auf mich die wundervollen Spiele, wo durch Kinder Blumenkränze dargestellt wurden. Die Charakteristik, die unter der begeisterten Leitung Fröbels sich den Kindern unwillkürlich einprägte war überraschend, wie wogten in freier freudiger Fülle die Mädchen, welche Rosen darstellen sollten, das Bewusstsein, dass sie reiche, prächtige und glänzende Entfaltung der Farbe darstellen sollten, schien fast in jeder ihrer Bewegungen zu ruhen. Sinnig und zart bewegten sich diejenigen, welche die Lilien darstellen sollten; ein schlankes, vielleicht schon neunjähriges Mädchen — denn auch die Schulkinder nahmen an den Spielen Teil — fiel uns als Lilie besonders durch die sinnige vorgebeugte Haltung des Kopfes auf, den sie nur in diesem Spiele so hielt, während vorher und nachher sie eine feste Kopfstellung inne hatte. —

Der Eichenkranz, meist von Knaben dargestellt, wovon die meisten ihre Hüte mit Eichenlaub geschmückt hatten, schritt stolz und kühn einher, als ob er sich seiner Aufgabe lebhaft bewusst sei, den stolzesten Baum Deutschlands zu vertreten. — Auch unter den einzelnen Spielen, die mittlerweile stattfanden, fesselte wieder so manches, — eine Gruppe von etwa zwanzig Kindern führte das sinnige Turnspiel „Das Kindchen senkt sich, hebt sich" mit einer staunenswerten Präzision aus, die mich förmlich in Erstaunen setzte. Ich sah von ferne, — denn bei der Größe des Platzes und durch die Gruppenverteilung war bald hier, bald dort Interessantes zu sehen — einen kleinen Kreis, der bald niederzusinken, bald fast in der Luft zu schweben schien. Da ich das Spiel noch nicht gesehen hatte, eilte ich schnell dorthin, kam aber eben nur noch, um den Abschluss des Spiele-, die Worte: „Wie kann das Kindchen schweben!" zu verstehen, ein mystischer, an Engel erinnernder Eindruck blieb lange bei mir stehen, bis ich, erst einige Wochen später, gelegentlich mit Fröbel darauf zu sprechen kam und er mir den Text mitteilte und den Zweck der dabei vorkommenden Körperübungen und ich dadurch einsah, dass dasjenige, was ich von der Ferne als nebelhaften Traum sah, fast nur realistisch turnerische Bedeutung hatte.

Diejenigen, welche über die unbegreifliche Mystik und Symbolik Fröbels laut jammern und Anklagen erheben, würden, wenn sie näher in das System blickten, bemerken, dass sich nichts Träumerisches, Nebelhaftes dort findet. — Doch ich muss wieder nach einem anderen Orte hin, — die Mühle rauscht, Kinder bilden die Stampfen derselben. Wir sind nämlich schon in der Zwischenpause, wo ein großer Teil der Mitwirkenden auf herzogliche Kosten Röstwürste und Bier gereicht erhielt, während andere noch in jugendlichem Übermut so manche Spiele, die im Plan des Ganzen nicht ausgenommen waren, nachübten.

Während allmählich nun Eltern und Kinder und Zuschauer auf den verschiedenen Plätzen sich lagern und der Ruhe pflegen, tritt ein junger Mann an mich heran mit den Worten: „Sie erinnern sich wohl meiner noch vor drei Jahren in Nordhausen, ich bin der Bruder Ihres Freundes Theodor Pösche und habe Ihnen von meinem Bruder, der in Marburg bei Gayrhofer ist, Grüße zu bestellen." — Es war Hermann Pösche, der mir gleich darauf mitteilte, dass er ebenfalls entschlossen sei, vierzehn Tage bei Fröbel zu bleiben, und dessen Methodik und Weise kennen zu lernen.

„Könnte ich es doch auch!" seufzte ich, „bei mir ist es noch sehr fraglich, ob ich hier bleiben darf." Pösche beruhigte mich, „seien Sie ohne Sorge, ich habe gestern mit Fröbel selbst darüber gesprochen, denn kaum waren Sie fort gegangen, als ich, der ich nun seit zwei Tagen auf dem Reisemittel der Apostel, per pedes, von Nordhausen hierher gewandert bin, leider zu spät, um noch die Spiele zu sehen; aber bei Fröbel war ich noch über eine Stunde und sprach mit ihm über diese Angelegenheit, auch er hegt den lebhaften Wunsch, dass Sie hier bleiben und es wird sich ja machen."

Durch diese Nachricht freudig bewegt, versuchte ich, von Pösche begleitet, Fröbel selbst zu erreichen, doch das war nicht möglich, er wurde bald hier, bald dort in Anspruch genommen und eine Kindergärtnerin, an die sich Pösche wendete, sagte: „Fröbel heute zu sprechen, wo er unter den Kindern ist, wird Ihnen schwer gelingen, er hat bald hier, bald dort etwas zu wirken, selbst den fürstlichen Durchlauchten, die ihn in huldvoller Weise einluden, in ihrem Kreise zu bleiben, schlug er es ab, indem er meinte: „Durchlaucht, zu jeder anderen Zeit stehe ich zu Befehl, heute gehöre ich den Kindern."

Dennoch sollte mir später, wenngleich nur auf einen Augenblick, die Freude zu Teil werden, Fröbel zu sehen. Kurz vorher, ehe der zweite Teil des Spieles begann, nachdem sich Pösche schon von mir entfernt hatte, kam er unerwartet auf mich zu und meinte: „sie bleiben doch jedenfalls noch bis Dienstagabend hier, morgen sind wir abgehalten, müssen eine Dame, die nach Berlin zurückgeht, begleiten und kehren erst Dienstag zurück, aber für Dienstagabend habe ich mit den Kindergärtnerinnen und noch einem Freunde von Ihnen, der zufällig hier ist" — „ich weiß schon: Pösche" — er nickte, „verabredet, einen gemeinsamen Spaziergang zu machen; Dienstagabend um fünf Uhr erwarte ich Sie also, da wird sich ja zeigen, was sich machen lässt."

Ehe ich noch dankend antworten wollte, war er schon in das Kinderleben verwickelt und fort. Und nun entfalteten sich neuerdings die fesselnden Spiele, von neuem das harmonische Leben. Auf einer kleinen Böschung stehend, den großen Wiesenplatz überschauend, auf dem das Spielfest stattfand, hatte ich einen wahrhaft entzückenden Anblick, — eine kleine Wendung nach rückwärts und vor uns lag das zauberhafte Werratal vom Höhenrücken des Rhön umschlossen, vor mir aber die muntere Kinderschar und die Fülle älterer und jüngerer Zuschauer, die reizendere Thüringer Volkstrachten, vor allem die der Ruhlaerinnen. Dazwischen nun am fernen Endraum die Wagenburg, auf der die Salzunger gekommen waren, überall besetzt von Frauen und Kindern, die sie als Tribüne benutzten, dazu die sinkende Sonne, die den abschließenden Wald beschien und allmählich die Schatten immer länger werden ließ, welche die Waldseiten gewissermaßen einrahmten — es war ein Anblick zum Entzücken!

Endlich sank die Sonne, die schöne Abschiedsrede ward gehalten, die Salzunger waren schon in die Wagen gestiegen, die Steinbacher auf Seitenwegen fort marschiert, nur der Zug der Schweinaer und Liebensteiner bewegte sich hinunter, — da konnte Pösche, der sich mir wieder genähert, seine Begeisterung nicht mehr zurückhalten, „ich muss sprechen, sonst zerspringt mir meine Kehle" und mit dem donnernden Ruf: „Freunde, ein Wort!" verschaffte er sich Ruhe und nun floss sein Herz voll freudiger Bewegung über: „Ein zweiter Pestalozzi ist uns erstanden, ein großer, mächtiger" — so ungefähr lautete der Anfang der schnell improvisierten Rede, die bei den Zuhörern herzliche Zustimmung hervorrief und die nach kurzer schlagender Wendung mit einem warm erklingenden Hoch auf Fröbel schloss, welches das mächtigste Echo wiederfand und bis weit in den Wald hinaus vom Vortrab des Zuges wie von den Nachzüglern widerhallte.

Da trennten sich die Wege, der Zug der Kindergärtnerinnen und der Schweinaer schwenkte hier ab und die Liebensteiner, wie die Badegäste und auch wir bogen nun auch in die Straße ein, die uns zu den Ruhestätten führte. Kaum waren wir einige Schritte gegangen, als schon ein Bote hinter uns herkam und Pösche rief: „Das ist ja der Buchhändler Renner" (derselbe, der jetzt in Meiningen die große Buchhandlung leitet); er hatte ihn bei Fröbel kennen gelernt.

Renner, ein entfernter Verwandter Fröbels aus Osterode und damals für die Verbreitung der Mutter- und Koselieder und anderer Schriften Fröbels tätig, sagte zu Pösche: „Ich habe den Auftrag von Fröbel, Sie noch zu grüßen und auch Sie," wandte er sich zu mir und wieder zu Pösche gewandt: „Und noch besondere die Freude über die freundlichen Worte für seine Sache von ihm zu sagen — dies mein Auftrag. Nun aber möchte ich die beiden Herren einladen, diese Nacht meine Gäste zu sein, da Sie doch schwerlich in Ihrem Gasthofe bei dem großen Fremdenandrange Plätze finden." Ich jedoch war in der Lage, dieses Anerbieten auszuschlagen, da ich schon mein Zimmer fest bestellt, Pösche nahm das Anerbieten an.

Wir beschlossen aber, den Abend noch beisammen zu bleiben und zu besprechen, was uns am Herzen lag. Was erfuhr ich jenen Abend noch alles Schöne und Herrliche: Renner gab uns ein Bild aller Persönlichkeiten, die wir dort treffen würden; da war Fräulein Levin vor allen, seine Verwandte, auf die er unsere Aufmerksamkeit lenkte. Ich erfuhr von ihm, dass sie es war, die den Tag vorher mit mir gesprochen hatte; Hermine Diesterweg wurde auch geschildert mit ihrem hochbegabten Geiste, aber mit ihren inneren Seelenkämpfen, die das so bedeutende Wesen mit dem Schleier trüber Stimmung erfüllten.

Die musikalische Alwine Schubert aus Nürnberg, eine entfernte Verwandte des berühmten Komponisten, wie Renner meinte, kam dann an die Reihe, dann fragte Pösche nach der schönen stolzen Gestalt, die alle anderen überragte sowohl durch Körpergröße als durch ihr wahrhaft griechisches Antlitz. „Es ist Henriette Bothmann aus Fulda, ein uns noch problematisches Wesen," meinte Renner, „ihre Schwester Emma, die vor einem Jahre hier war und jetzt einen Kindergarten auswärts leitet, ist eine der bedeutendsten Schülerinnen Fröbels gewesen. Die Henriette scheint sich dagegen noch viel zu sehr ihrer Jugend zu freuen und wir fürchten fast, dass sie sich trotz so vieler Talente der Sache nicht mit dem Ernste widmen wird, als ihre Schwester es getan, aber Fröbel meinte: „Auch an der Henriette werden wir noch große Freude erleben, sie fasst gut und richtig auf und die Begeisterung wird bei ihr erst kommen, wenn sie selbst ins Wirken tritt." — „so hat er selbst gesagt," fügte er hinzu. —

Auch hierin hat sich die richtige Voraussicht Fröbels lange nach seinem Tode bewährt, die beiden Schwestern Bothmann sind die Hauptstützen der Fröbelschen Methode in Frankreich geworden. — „Und die Kleine, mit der sie immer wandelt, als wenn sie ihr zur Folie dienen sollte, damit man ihre Größe besser erkenne?" „Oh," sagte ich, „da kann ich schon orientieren, das ist Fräulein Marie Zürn aus Rudolstadt, der Zufall hat es gefügt, dass ich heute während eines Spieles einige Fragen über den Text desselben von ihr beantwortet erhielt; bald darauf kam ein junger Mann zu mir und stellte sich mir als Gymnasiast Zürn aus Rudolstadt vor, seine Schwester habe ihn beauftragt, mich zu orientieren.

Die Beiden sind Kinder des Rudolstädter Kämmerers Zürn, der Vater will, dass seine Tochter dort den Kindergarten fortsetze, den vor einigen Jahren Fräulein Marie Stieler begründet hat, die dann aber die Hamburger entführt haben." Renner, der sich mit meiner Personalkenntnis amüsierte, meinte: „Übrigens ist die Freundschaft der Bothmann und Zürn keineswegs nur aus äußerlichen Gründen entstanden, wie Freund Pösche glaubt, sondern dadurch, dass die Beiden eine Kammer gemeinsam bewohnen und die Zürn ihrer Freundin gern kleine Geschäfte besorgt, was diese wieder sehr gern steht; .dieses seltsame Zusammensein von sehr Groß und sehr Klein hat der Zufall aber nicht freie Wahl zusammengefügt."

Nun kamen wir auf Fröbels selbst zu sprechen, wieder wurde sein ganzes Leben durchgegangen, seine Bedeutung lebhaft erörtert. Ich hatte Gelegenheit, Pösche so manches mitzuteilen, was ich in Keilhau erfahren, er wieder suchte mir die Auffassung darzulegen, die seine befreundeten Lehrer im preußischen Sachsen von Fröbel hatten, dazwischen jammerte Renner über das schreckliche Ungeschick Fröbels in Geldangelegenheiten, wie er fortwährend in kleinen Aufsätzen Urteile usw. über sein Unternehmen drucken lässt auf eigene Kosten, um sie den Fremden als Geschenk zur Verbreitung zu geben.

„Wie gern hätte ich ihn veranlasst, irgendeine Darstellung der Sache aufzusetzen, die hier dann verkauft würde; fast alle Fremden, die dort Besuche machen, würden sich gern entschließen, ein solches Buch zu kaufen und man könnte dabei gewinnen, aber er ist dafür nicht zu haben, immer ausgeben, aber einnehmen will er's nicht!" Pösche trat begeistert hier für Fröbel ein, „ihn bewegen nur die Ideen und jeder Vorteil des Lebens sei Nebensache, das sei das Vorrecht des Genies." Ich suchte vermittelnd einzutreten, aber die Standpunkte beider lagen zu sehr auseinander, als dass ein gemeinsamer Zug zu finden war, beide hatten ja in ihrer Art recht, und beide gaben einander auch recht, nur in der Wertstellung und in der Bedeutung des Momentes, das sie hervorhoben, unterschieden sie sich, und wie kann man über Wertstellungen so schnell Verständigung finden? Doch zum Preise einer Persönlichkeit erhob sich schließlich unser Kreis; Renner erzählte uns die aufopfernde Sorgfalt des Fräulein Levin, wie sie gleichzeitig als Lehrerin des Instituts, als Leiterin und Vorsteherin der Damen und doch wieder in sorglicher Wirtschaftlichkeit Fröbels Hauswesen leite und die ihm bei vorgerücktem Alter so notwendige Ruhe verschaffe. „Es ist wirklich ein Schatz, den Fröbel an der Levin gefunden hat und er weiß es auch zu würdigen" — mit diesen Worten schloss Renner und wir stimmten beide ein. Vorahnend sagte Pösche, als wir uns trennten: „Die wird am Ende noch Fröbels Frau." Ein Jahr später sollte das in Erfüllung gegangen sein.

Auf meinem Lager ruhend zog es träumerisch vor mir vorbei, die Welt lag in Ketten und Banden, so schien es mir; in der grausigen Felsenhöhle da standen die Häupter der Völker gefesselt, wie in der Schweinaer Kalkhöhle sah ich wieder Tropfsteingestalten, hier eine mit dem dreieckigen Hute, aber nicht mit dem echten Napoleonsgesichte, sondern mit langem Schnurrbarte, — als Napoleon III. hat er eine harte Kalkhand auf Frankreich ruhen, in den verschiedensten Gestalten zeigten sich mir die Völker Europas, überall Druck, überall Tod, — wie der leichte Kahn über die Wasser hinzieht, schien mir in der Kalkhöhle der schwarze Rappe Paskiewitsch's hinzujagen über Ungarns verwüstete Puszten und hinter ihm schritt Haynau und Henker trugen Beil und Galgen nach, Frauen und Kinder wimmerten unter Geißel- und Rutenhieben.

Schon wollte ich mich angstvoll vom Lager heben, da war es als wenn mitten in dem See, wo Paskiewitsch jagte, eine Fontäne herausstrahlte, voller Schwefelsäure, denn wo ihre Tropfen hinfielen, da verwandelte sich der bis dahin starre Kalk plötzlich in glänzenden, hellstrahlenden Gips, alabasterartig wurden die Wände und hinter mir trat die Gestalt meines alten Lehrers der Chemie Professor Wöhler aus Göttingen: „Das ist ja die aufwühlende Naturwissenschaft, das ist ja die Frucht des Humboldtschen Werkes, dass die starre, verdorrte Reaktion nun gänzlich in tote aber glänzende Schichten verwandelt werde!"

Ich sah näher hin, immer mehr rückten die Kreise der Völker auseinander und aus dem toten Gestein, das sie bis dahin darstellten, verschwanden die einzelnen historischen Gestalten und zu einem mächtigen mit Gipsplatten glänzend ausgelegten Saal schien sich die Felsenhöhle zu verwandeln, — plötzlich schien es Marmor geworden zu sein, ich wandte mich zu Wöhler: „Das ist ja weder chemisch noch geologisch, wie kann die schwächere Kohlensäure die starke

Schwefelsäure vertreiben?" — „stille," sagte Wöhler, „das ist die Macht des Kleinen, die herankommt, durch alle diese Höhlen da flutet das lösende Wasser und die neue kohlensäurehaltige Schicht bricht hindurch und durchstößt die Gipsplatten, aber sie kommt neu kristallisiert, das Feuer der Begeisterung lebt in ihr, — hörst Du den Vulkan unter uns tosen, es ist der Geist der neuen Zeit, der in der Erde schmiedet und auch jetzt den Marmor wieder hervorbringt," — und ihm folgend, trete ich in eine mächtige Schmiede ein, wo riesige Hämmer auf Eisenstäbe Niederschlagen, große Blasebälge, ähnlich wie in den Eisenhütten des Harzes, das Feuer anfachen. Ich wollte mich zu Wöhler wenden, doch der war fort, an seine Stelle war mein ehemaliger Professor der Mineralogie und Geologie, Hausmann, getreten. „Ja, ja, wir sind in der Schmiede der Zeit, der alte Vulkan ist lebendig geworden, er legt seine Eisenräder über die Welt, die Marmorhelden und die alten Paläste, die hier unten begraben sind, die edlen Tempel der Griechen soll er wieder ans Tageslicht fördern, wie es schon mit Pompeji und Herculaneum geschehen ist.

Und wie jetzt Layard aus Ninive die Keilschrift herausgefördert hat, an deren Entzifferung ja Ihr Herr Bruder, mein College in Göttingen, mitgewirkt hat; so wird noch mehr fortgeschritten werden, wenn diese Schmiede die Eisenschienen durch Europa gelegt hat und die Bahnen bis nahe an unsere Werkstätten Vordringen; — sehen Sie, wir steigen immer höher und höher und hinaufsehend erkenne ich den Pavillon auf dem Altensteiner Schloss, und die Äolsharfe tönte wunderbar und ließ eine Musik erschallen, wie ich sie kaum bis dahin vernommen hatte, es war etwas, ähnlich den mystisch-geisterhaften Tönen aus dem Allegretto der A-Dur-Symphonie von Beethoven, die ein geistvoller Denker so schön verglich mit den Sphinxen Ägyptens, die in großen Reihen zum Tempel wandern; — aber nun ringt sich ein anderes Motiv los, der feierliche Schritt, mit dem Agamemnon aus seinem Zelte in Glucks „Iphigenie auf Aulis" tritt. — Ein neuer Lehrer steht wieder hinter mir, es ist der Professor der Ästhetik Hotho aus Berlin: „sehen Sie," sagte er, „das ist die Musik der Hämmer, welche die Eisenschienen der Bahnen schmieden, der Laie hört nur ein tolles Geräusch, aber wer ihre Bedeutung durchschaut, der hört Beethoven und Gluck daran arbeiten, die Geheimnisse unserer Zeit lösend. Sie kennen ja die Verse von Karl Beck:

> Rasend rauschen rings die Räder,
> Rollend, grollend, stürmisch sausend
> Tief im innersten Geäder
> Haust der Zeitgeist Freiheit brausend.
> stemmen Steine sich entgegen,
> Reibt er sie zu Sand zusammen;
> seinen Fluch und seinen Segen
> Streut er aus in Rauch und Flammen!

Fürchten Sie sich nicht vor dem toten Gestein, vor dem lächerlichen Präsidenten in Frankreich und vor unserer „Manteuffelei" oder der österreichischen „Schwarzenbergerei". Auch der große Nikolaus zu Petersburg wird uns nicht ins Tintenfass stecken, dafür sorgt schon Musik. Setzen wir uns hier auf die Bank, haben Sie vielleicht das Kunstwerk der Zukunft von Richard Wagner gelesen?" — „Das nicht, aber eine Anzeige desselben in einer Zeitschrift." — „Nun ja," fuhr Hotho fort, „ich habe es von dem Manne nicht erwartet. Sie wissen ja, was wir alle darüber sagten, als der Meyerbeer uns mit dem „Fliegenden Holländer" des neuen Dresdener Kapellmeister 1844 langweilte."

„Ich war selbst darin gewesen," erwiderte ich, „aber das Kunstwerk der Zukunft?" — „Wird Ihnen gewiss auch gefallen. Als ich es las, da schwirrten wieder Ideen vor mir, die ich einst hatte, als ich über Mozarts „Zauberflöte" in meinem Werke „Anregungen" die Stelle geschrieben habe, die Ihnen so gefallen; vielleicht werde ich offiziell Wagner bekämpfen müssen, aber ich meine, er hat doch recht." Mit einem Mal zog ein mächtiges Gewitter auf, — „sehen Sie, das ist der Hassenpflug dahinten," meinte das Traumbild Hotho, „gegen den der Bayrhofer als hessischer Ausschuss so lebhaft kämpft, vielleicht wird der hessische Verfassungskampf kräftiger durchgeführt, als die preußische Steuerverweigerung; — Mut, Mut, wenn's auch schlimmer kommen sollte, es dringt schon durch, denn sehen Sie, dort kommt ja schon die Kohlensäure angezogen, die den Marmor hervorbringt" — und ich sah meinen Freund Pösche an der Spitze einer jungen Schar heraufziehen, sie sangen Lieder voll Freiheitsdurst; als ich mich nach Hotho umsah, war aber schon sein College, Professor Michelet, an seiner Stelle und demonstrierte: „Hinauf zum Äther müssen wir, zum reinen Äther der Philosophie, da tönt die Welt wie Musik, ich habe ja schon 1845 vorausgesagt, in drei Jahren ist in Preußen eine Verfassung, lesen Sie nur die Voßsche Zeitung nach, damit Sie sehen, wie die Philosophie alles voraussehen kann, und ich sage, die Philosophie hat Mächte in Bewegung gesetzt, die aller Bewegung trotzten." —

Mein Vetter Benary, der mir in Berlin so viel schöne Sonaten von Beethoven vorspielte, sagte in diesem Augenblick, zu Hotho herantretend: „Ja, verehrter Herr Professor, es ist richtig, in Beethoven ist dieses alles schön vorhergesagt, ich habe ja meinem Vetter vorgespielt die Sonate Appassionata, Opus 57, da durchleben wir im ersten Teile die Französische Revolution, wir Deutschen jammern wie in Höllenpein, als wir den Gesang hören „liberté, fraternité, égalité", dann beten wir, das ist 1813, und die Harfe tönt immer mächtiger nach in der dritten Variation, als Jakobi mit seinen vier Fragen endlich austritt: „Wann kommt das von Hardenberg Versicherte?"

Nun kommt der dritte Satz, „der Sturm," aber schließlich stehen wir doch am Fenster und trommeln das Presto des kräftigen Marsches vieler Männer, die trotz des heftigen Sturmes sich nicht beugen lassen."

Und wie ich nach unten hin schaue, da zieht die von Pösche geführte Schar unter Absingung jenes Marsches lustig vorbei und ein Text ertönt dazu, der den festen Stolz der Freiheit ausspricht. Ich eile auf Pösche zu, fliege wie von Adlerflügeln getragen nach dem Mittelpunkt der Terrasse, aber hinter mir ist Pösche mit der Kinderschar, alle mit Flügeln versehen, — in wallenden Gewändern heben und senken sie sich und das Wort ertönt, „wie kann das Kindchen schweben," — und jetzt braust es mit immer mächtigerem Orkantone, Kinderschrecken wachsen von allen Seiten heran, bewaffnet mit kleinen Säbeln und Gewehren, andere mit Schaufeln und Rechen, wieder andere mit allerhand Handwerkszeug, hier stehen Schmiede beim Blasbalg, dort scheint-der Webstuhl wie von Amoretten belebt, hoch in den Lüften die Geschäfte des Lebens nachahmend wachsen sie zu wehrhaften Männern, —

Fröbel steht hinter mir und sagt: „Das ist die Schar der Zeit, die ich heran ziehe, sie ringt mit den mächtigen Feinden, mit ihren Kräften schafft sie eine neue Welt, ich aber lege in sie den begeisternden Funken, lehre sie schaffen und wirken, lehre sie meißeln und hämmern, lehre die Arbeit lieben — und hinter ihm tritt die milde Gestalt Middendorffs hervor: „Vergiss nicht, dass Du das alles tust im Geiste des Mannes, dessen Büste Hotho aufhebt" — und zurück schaue ich und der Eingang zur Höhle schien wieder aufzugehen, aber statt dieser sah ich Nischen mit Heroengestalten der Vergangenheit und vor Schillers Büste stand Hotho, Michelet vor jener Goethes, während die Männer der Naturwissenschaften vor jener Shakespeares standen — „vergiss nicht, dass dieser große Denker uns den Anstoß gegeben zur Gedankenfülle, durch die „ästhetischen Briefe". Dass Du im Sinne dieses Verklärten das Gute und Schöne verbindest, das sichert Dir die große Bedeutung; die Arbeit als Mittelpunkt, durch ihre Verklärung in der Kunst und durch ihre Nützlichkeit zum Guten veredelt, führt uns hinauf zum herrlichen Geheimnis unserer Philosophie und Religion — schau her, wie aus den Kindern Männer erwachsen sind und alle tragen das Zeichen Fröbels!"

Lange schaute ich das Bild an und brach endlich in die Worte aus: „Ich darf doch nicht in Liebenstein bleiben!" Da schüttelte mich eine kräftige Hand „und Du bleibst doch in Liebenstein!" Ich schlage die Augen auf und vor mir steht Pösche.

6. Die erste Woche in Liebenstein.

Ein langer Schlaf hatte mich erquickt und ich hatte daher die frühere Verabredung versäumt, Pösche abzuholen, jetzt war er nun selbst gekommen, um mich zu holen. Ein rasches Frühstück im herrlichen Garten, dann ein kurzer Morgengang einigte uns schnell über den Plan, wir entschlossen uns, gemeinsame Wohnung zu nehmen und ich hatte den Mut, mich wenigstens auf acht Tage einzumieten. Bald fanden wir am äußersten Ende Liebensteins ein bequemes geräumiges Zimmer mit Schlafkabinett, zwar primitiv eingerichtet, aber da wir beide nicht verwöhnt waren, fanden wir uns leicht in diese Verhältnisse. Fast sechs Wochen verlebte ich in diesen Räumen, die ersten vierzehn Tage gemeinsam mit Pösche, später dann meine Junggesellenwirtschaft allein fortführend; aber diese ganze Zeit wird mir immer unvergesslich bleiben, sie war dem Studium und der Erbauung ganz gewidmet. Unsere äußeren Verhältnisse boten freilich noch manche Schwierigkeiten, da wir beide darauf angewiesen waren, mit unseren Geldmitteln knapp hauszuhalten, um desto länger bleiben zu können. So speisten wir nur mittags im Wirtshaus, abends höchst selten; gelegentlich stellten wir uns selbst im Hause ein Mahl her, wobei die Rollen so verteilt waren, dass ich im Orte bei Krämer, Bäcker u. a. die Einkäufe machte, während Pösche sich von unserem Wirt, einem Schneider, die Küche auslieh, um hie und da ein Eier- oder Fleischgericht zu bereiten.

Pösche zeigte sich damals als ein vollendeter Kochkünstler, den ich darum bewunderte, — so einfach unser Mahl auch war, wir feierten doch wahrhaft platonische Symposien, denn der geistige Schwung fehlte uns nicht, lebhaft wurden alle Fragen erörtert und die mangelnden lukullischen Genüsse wurden durch dies attische Salz reichlich ersetzt und unser bescheidenes Mahl reichlich gewürzt. Montag, den 5., verlebten wir still in dieser Weise, hie und da Besuche machend und die Umgebung durchstreifend, Dienstag, den 6., begannen die Studien. Pösche hatte sich mittlerweile durch Renner aus dem Fröbelschen Hause die wichtigsten Schriften kommen lassen und studierte schon fleißig, während ich mit andern Arbeiten beschäftigt war, und wenn Pösche etwas auffiel, dieses oder jenes mit ihm durchsprach, wobei mir der Vorsprung durch Keilhau sehr zu statten kam.

Auf den Nachmittag warteten wir sehnsüchtig, um fünf Uhr waren wir bestellt, aber kaum hatten wir zu Mittag gespeist, so ließ mir Pösche keine Ruhe. Ich hatte mir immer eine Stunde nach Tisch ausbedungen, wo ich im Kurhaus Zeitungen lesen und dabei meinen Nachmittags-Kaffee trinken wollte. Pösche hatte, wie das auch in der Folge geschah, sich eine Ruhestunde im Hause erbeten, so war es am Montag schon streng eingehalten worden, aber Dienstag wollte mich Pösche nicht fortlassen „wir sollen nach Liebenstein ziehen" — ich tröstete ihn, dass ich bald wieder käme, er begleitete mich zum Kurhaus, dann wandte er sich nach Hause, doch schon nach ¼ Stunde kam er in den Garten des Kurhauses, wo ich mich eben in die neueste Berliner „National-Zeitung" vertieft hatte.

„Wir wollen hinaus!" — „so lass mich doch erst diese treffliche Polemik gegen die oktroyierte Verfassung und ihre Revision durchlesen." Pösche gab keine Ruhe, ich musste die Zeitung bei Seite legen und wir streiften im Garten umher, verschiedene Fragen noch lebhaft erörternd. Endlich war es gegen vier Uhr geworden und trotzdem wir nur ¼ Stunde nach Mariental hatten, drängte er schon jetzt zum Gehen: „Wir können uns ja unten ein bisschen aufhalten, wir finden genug Plätze."

So kamen wir endlich nach einem halben Stündchen bei ziemlich langsamem Marsche dort an; unter dem Kastanienbaum sahen wir von ferne schon Fröbel mit einigen Schülern sitzen.

Da es uns noch etwas zu früh schien, wollten wir uns rasch wieder entfernen, aber schon hatte uns Fröbel bemerkt und winkte uns; er ging uns entgegen mit den Worten: „schön, dass Sie kommen, nun können wir doch noch vor dem Spaziergang ein wenig plaudern." Dann sich rasch zu mir wendend sagte er: „Nun wir werden hoffentlich etwas länger beisammen bleiben können, so lange, als es Ihre Zeit erlaubt, ich habe mit den Freunden gesprochen und es scheint keine Bedenken zu haben, dass Sie meine Tätigkeit hier genau kennen lernen." Nun forderte er Pösche auf. Näheres über seine Wirksamkeit in Nordhausen zu berichten. Manche der von diesem mitgeteilten Nachrichten gaben Fröbel zu interessanten Bemerkungen Anlass, hauptsächlich über den frühesten Sprach-unterricht.

Schon in Keilhau hatte ich erfahren, wie weit Fröbel früher auf die Jacototschen und Herbartschen Vorschläge beim Unterricht in fremden Sprachen eingegangen war. Dass er aber auch der Muttersprache gegenüber so lebhaft betonte, dass vor allem die Übung in der Sprachfertigkeit dem Unterrichte in der Erkenntnis der Form vorangehen muss, — berührte mich höchst freudig. Da ich über die von Fröbel angeregten Ideen über Stoffwahl und Methodik in der Schule demnächst einmal ausführlich zu berichten gedenke, so genügt es, hier diesen Gegenstand angedeutet zu haben. —

Wir kamen dann auf das vorgestern in Altenstein erlebte Fest zu sprechen; Pösche floss von warmer Anerkennung über und auch ich teilte diese Stimmung. „Ja," sagte Fröbel, „das wäre ganz gut, aber schade, dass es nur einmal war und dass es wieder Mühe kosten wird, Ähnliches zu veranstalten; ging es nach meinem Wunsch, so müsste die Jugend von den nahen Ortschaften sich wenigstens zweimal des Jahres zu ähnlichen Festlichkeiten versammeln, es wäre der Anfang zur Erneuerung der Volkslustbarkeiten im edleren Sinne."

Freund Pösche machte darauf aufmerksam, dass noch Reste solcher Feiern in Thüringen, z. B. das Naumburger Kirschfest, zum Andenken an Ziskas Zug (Hussiten vor Naumburg), gefeiert würde. Ich konnte hinzufügen, dass auch in den Nachbarorten, z. B. in Osterfeld, in der Nähe Naumburgs, ein solches Fest sei und dass ich etwa vier Wochen vorher, am 8. Juli desselben Jahres, dabei gewesen wäre.

„Ja," meinte Fröbel, „ich habe auch schon davon gehört, aber die eigentlich wirkende Jugendlust, das Spiel, fehlt doch; da werden die Schützenfeste der Großen kopiert, die Kinder rücken da im feierlichen Zug aus und nachher tummeln sie sich mit den Erwachsenen auf den Plätzen herum, trinken, essen massenhaft Kirschen und verderben sich schließlich den Magen. Feste dagegen, wie wir sie feiern, betonen überall den höheren geistigen Aufschwung der Jugend und setzen darum den Leibesgenüssen schon von selbst ihre natürlichen Schranken. Es wird gegessen und getrunken, um den Körper zu ernähren und um auch nach dieser Richtung allgemeine Befriedigung zu schaffen, aber die Hauptsache bildet doch immer das Spiel und die Jugend eilt rasch und gern von den Orten der Labung wieder fort, weil sie sich lieber in der freien Natur freudig herumtummelt."

Wir konnten dem nur beipflichten; auch die Kinderbälle, die kurz vor der Revolution aufgekommen waren, kämen zur Sprache und ich meinte: „Nun, das ist doch wenigstens ein Glück, dass uns die Revolution von dieser Unnatur befreit hat!" Fröbel lächelte ungläubig: „Für einen Augenblick," meinte er, „aber wahrscheinlich wird das Unwesen wieder auftauchen, noch sind unsere höheren Stände von der Eitelkeit nicht frei, mit ihren Kindern womöglich Nachahmungen, Äffereien der Großen zu spielen, eine gründliche Kur nach dieser Richtung kann nur stattfinden, wenn die Mütter allmählich die Grundsätze einer naturgemäßen Erziehung begreifen — und ohne mich zu überschätzen, will ich doch auch mit keiner falschen Bescheidenheit prunken — ich habe die feste Überzeugung, dass nur der Weg, den ich vorgezeigt habe, in Zukunft solche Auswüchse entfernen wird." Damit stand er auf und führte uns in den Anlagen herum.

Mittlerweile hatte sich die Schar der jungen Mädchen zum Spaziergang vorbereitet und kam, von Fräulein Levin geleitet, zu uns herunter. „Ist es schon so weit," rief Fröbel, „dann muss ich noch einen Augenblick hinauf, um einiges mitzunehmen." Doch der Aufenthalt oben dauerte etwas länger, vielleicht gegen ¼ Stunde. Während dessen fand sich Gelegenheit für uns, mit einigen Schülerinnen zu sprechen; bei fast allen trat die lebhafteste Begeisterung und die Überzeugung von der Bedeutung dessen, was sie hier lernten, hervor. Vorzüglich Hermine Diesterweg war trotz des Trübsinns, der fortwährend auf ihr lastete und der sich sogar in diesem Augenblicke in einigen Äußerungen kundgab, diejenige, die uns am deutlichsten die Stimmung auslegen konnte, die in diesem Kreise herrschte. Noch eine andere junge Dame, deren Name mir im Laufe der Zeiten entfallen, schien mit ihr eine ähnliche Verstimmung zu teilen, ich erfuhr später, dass eine unglückliche Liebe bei dieser Letzteren den Trübsinn erzeugte und dass die Eltern ihr wieder frischen Lebensmut zukommen lassen wollten.

Letztere hob insbesondere den liebevollen zarten Sinn hervor, mit den Fröbel über die Schicksale der Einzelnen zu sprechen wusste. Run trat ein Fräulein Röttger aus Osterode, die mit ihrer Mutter dort mm schon längere Zeit zu Besuch war und an dem Unterricht teilnahm, weniger um einen Beruf daraus zu machen, als um sich in diese allgemeine weibliche Arbeit zu versenken. Fräulein Röttger sprach mit Begeisterung von den Morgenandachten, wo Fröbel gewöhnlich ein Gedicht aus dem „Laienbrevier" von Schäfer vorlese und dann seine geistvollen Betrachtungen anknüpfe. „In keiner Kirche habe ich mich so erbaut" — schloss sie ihre Mitteilungen — „als jetzt nun fast jeden Tag!" Auch die Mutter stimmte diesem Urteile bei.

„Aber," fiel Henriette Bothmann ein, „nun erst die Stunden nach dem Frühstück, Sie werden ja morgen kommen und unsern Meister in seiner eigentlichen Wirksamkeit, in der Mitteilung seiner pädagogischen Ideen, kennen lernen." Ein lebhaftes Gelächter aus dem Hintergrunde unterbrach uns plötzlich, Fräulein Zürn und das 16jährige Fräulein Wolf gang jagten und haschten sich im Garten umher; Fräulein Bothmann eilte zum Fräulein Zürn und rief erregt: „Aber schäme Dich doch, so ein großes Mädchen jagt sich mit kleinen Kindern!" Trotzig sagte die Zürn: „Nun, groß bin ich gerade nicht" und die mutwillige Schuberth fiel rasch ein: „aber wenn Du auch in der Größe der Wolf gang bist, so stehst Du doch in unserem Alter." —

In diesem Augenblicke trat Fröbel hinzu: „Was ist es, was gibt es?" Die Ursache des Streites wurde ihm mitgeteilt, doch stellte er sich lebhaft zu Fräulein Zürn: „Es ist ganz recht von derselben, dass sie sich der Wolf gang annimmt und am

Ende, Ihr spielt mit den Kindern, warum soll nicht auch ein 16jähriges Mädchen den Wunsch haben, zu spielen und warum soll nicht ein 19jähriges Mädchen solchem Wunsche Nachkommen? Wir streben nach frischem und freiem Leben und alles, warmer natürlichen Stimmung entspricht oder gegen die richtigen Grundlagen menschlicher Würde nicht verstößt, kann in unserem Kreise sich frei entfalten.

Jetzt brechen wir auf," sagte er, „Nun sucht Blumen Ihr Mädchen und wenn Ihr Euch dabei Haschen könnt und allerlei Mutwillen ausführt, so wird das auch nicht schaden." Damit gab er das Zeichen, aufzubrechen und wir wanderten anfänglich die Landwege, dann durch einen schönen Wiesenweg nach einem Waldeshang, von wo aus man die fernen Rhöngebirge und einen Streif der Werra sehen konnte.

Während des Weges selbst genossen wir die Gesellschaft Fröbels nur teilweise, bald hier, bald dort mischte er sich in die Kreise; am Ruheplatze angelangt, machte er uns zunächst auf die herrliche Aussicht aufmerksam und verlor sich in Jugenderinnerungen. Er erzählte, wie er in seiner Jugend mit Sehnsucht immer ins Freie gestrebt, wie der Kirchberg in seinem Heimatsorte Oberweißbach für ihn die Sehnsucht früherer Jahre war, wie er ihn dann, nach Rückkehr von Stadt Ilm, bestiegen und manchen Morgen darauf gelagert habe, — er kam von seinen Reisen zu reden, schilderte einige Punkte, verweilte dann beim Eindruck, den Keilhau auf ihn gemacht und bei der Freude, die ihm der Aufenthalt in diesem lieben Tale verschaffte.

„In Städten hätte ich nie dauernd leben können, das hatte ich auch in Frankfurt gefühlt, als ich dort einige Zeit verweilte; — wie wohl tat es mir, als ich mit meinen Zöglingen wieder hinaus kommen konnte ins Freie, darum erfasste mich der Gedanke, bei Pestalozzi dauernd zu sein mit so mächtiger Gewalt und hier ruhe ich nun aus, es scheint das Ziel meiner Wanderungen gekommen zu sein." Die jungen Mädchen, die mittlerweile Kränze gewunden und Blumen gepflückt hatten, überreichten ihm nun die schönen Gaben Floras. Mit innigem Wohlwollen schien er den Duft einer jeden Blume einzuziehen und mit lebhaften Interesse verweilte er bei einzelnen Blumen, machte auf Schönheiten der Staubfäden, auf das zierliche Federchen aufmerksam. Am wohltuendsten war ihm, dass die von den anderen als stolz verkannte Henriette Bothmann ihm von einem ganz entfernten Ort Vergissmeinnicht brachte. Sie war die letzte unter den Mädchen gekommene und Fröbel sagte daher: „Ende gut, alles gut."

Er lud Henriette ein, sich nah zu ihm zu fetzen, um den Genuss der Blumen mit ihm zu teilen und die schöne schlanke Gestalt setzte sich zu seinen Füßen und beugte sich oft zu den Blumen herunter, ihren Duft einsaugend — es war ein wohltuender Anblick. Allmählich war die Sonne zurückgetreten, die Nebel stiegen aus dem Tale auf und Fröbel, dem eine weiche Stimmung überkam, sprach über den Eindruck, den die Natur im Herbste und zur Abendzeit auf das Gemüt des Menschen hervorbringt. Einen mehr religiösen Aufschwung nehmend, folgten dann einige Betrachtungen über die Bedeutung des Menschenlebens und den Beruf zu wirken und zu schaffen: „Nun aber Kinder," sprach er, „ist es auch Zeit, dass wir uns wieder bewegen, unsere Gäste haben noch einen weiten Weg, führen wir sie an den Punkt, wo sich unsere Wege trennen und dann auf Wiedersehen zum folgenden Morgen."

Noch einige Zeit wunderten wir im Gespräche, Fröbel wanderte still neben Fräulein Levin, mit ihr nur hier und da ein geschäftliches Wort wechselnd. Pösche sagte nur leise, „Er scheint im Augenblicke keine Unterhaltung zu wünschen, halten wir uns zur Seite." Ehe wir aber ganz schieden, kam er nochmals herzlich auf uns zu, schüttelte uns die Hände und sagte: „Nun haben wir einen freudigen vergnügten Tag miteinander verlebt, das ist der rechte Anfang einer ernsten Arbeit, morgen neun Uhr sehen wir uns wieder im Garten am runden Tisch, wenn das Wetter gut ist, da werden wir ja in die Sache eintreten können."

Den folgenden Mittwoch, den 7. August, morgens, waren wir ebenfalls schon frühzeitig auf dem Wege. Wir hatten den Abend vorher noch lange unsere Eindrücke gemeinsam ausgetauscht und waren erst spät zu Bett gegangen; dennoch trieb uns der schöne Morgen früh auf und ehe wir hinaus wanderten, hatten wir noch einen erfrischenden Morgenspaziergang nach den Kurgarten unternommen. Jetzt waren wir rechtzeitig bei Fröbel eingetroffen, der schon mitten im Vortragen zu sein schien.

Wie wir nachher erfuhren, hatte das schöne Wetter auch hier die Stunden gewissermaßen vorgerückt, man hatte eine halbe Stunde früher gefrühstückt und war daher schon vor neun Uhr bei der Arbeit. Fröbel hatte Verschränkstäbe in den Händen und entwickelte eben daran den Mädchen, wie die verschiedenen Winkel richtig zu zeigen wären. Er sagte dann: „Aber vor allen Dingen hüten Sie sich, auf alle diese Gegenstände viel Zeit zu verwenden, oder die Kinder darauf abzurichten, dass sie Ihnen die Sachen wie Papageien etwa nachplaudern; es ist sehr verlockend für manche, damit zu paradieren, dass 4jährige Kinder schon wissen, was 12jährigen Tertianern noch manche Mühe verursacht, lassen Sie sich aber um keinen Preis verleiten, von solchen Gesichtspunkten irregeführt zu werden, alle diese geometrischen Demonstrationen dürfen nur wie der Nachtisch beim Mahl die Würze für die Kinder sein. Sie müssen vor allem darauf achten, was die Kinder im Leben gesehen, Kinder sind gern bei Bauten, sehen wie der Zimmermann mit Winkelmaß und Ähnlichem verfährt.

Wenn Sie nun etwa beim Stäbchenlegen ein ähnliches Winkelmaß von dem Kinde haben legen lassen, dann ist es Zeit, in der Verschränkstunde die verschiedenen Winkel zu zeigen, wie ich es hier dargelegt. Dabei muss es Ihnen einerlei sein, ob sie es behalten oder nicht, es findet sich bald wieder eine Gelegenheit, hierauf zurück zu kommen, dann bringen es die Kinder selbst in Erinnerung, so muss alles natürlich heraus wachsen. Sie haben ja Zeit, die Kinder gehören Ihnen zwei Jahre; - freilich nehmen sie uns die Eltern oft genug zu früh weg, die Zeit wird ja auch kommen, wo ein regelmäßiger Gang hierin stattfindet und dann kann durch richtiges Benutzen der äußeren Vorgänge viel Raum für solche Anleitungen gewonnen werden." — Mir imponierte dies gleich anfänglich Gesprochene ganz besonders. Das war es ja, was ich suchte, diesen gelegentlichen Unterricht, von dessen Macht und Bedeutung ich überzeugt war, weil ich an mir selbst die Erfahrung machte, dass alles, was im Zusammenhang mit Lebenserscheinungen auf uns eindringt, kräftiger und entscheidender Wurzel fasst, als das, was uns nur belehrend mitgeteilt wurde.

Fröbel fuhr nun fort in der Betrachtung der verschiedenen Verschränkfiguren, verweilte insbesondere beim Pentagramme, dem „bekannten Bierzeichen," wie die kleine Wolfgang gleich bemerkte, kam dann auf die Sechsecke und ihre Verwendungen und endlich mit einem wunderbaren Gedankensprung seines großen Geistes auf allgemeine Verhältnisse der Geometrie, auf Ähnlichkeiten der Figuren, was ihn wieder auf die Legetäfelchen führte und auf die Kongruenz der Dreiecke, die er mit verschiedenen Stäbchen höchst interessant demonstrierte. Jetzt kam er auf die Winkelverhältnisse und Blattstellungen bei den Pflanzen zu reden. Auch das war mir interessant und bedeutungsvoll. Ich hatte während der Universitätszeit die Botanik, trotzdem ich sie belegt hatte, etwas vernachlässigt, den Sommer hatten mich Chemie und Technologie so sehr in Anspruch genommen, dass mir für Botanik keine Zeit blieb. Seit 1849 in Stettin, war ich jedoch aus verschiedenen äußeren Gründen darauf aufmerksam geworden. Die interessanten Mitteilungen, die nun folgten, über Harmonie und Symmetrie bei den Blumen fesselten, mich im höchsten Grade, insbesondere da Fröbel an Manches anknüpfte, was er den Tag vorher gelegentlich mitgeteilt hatte. Doch nun erhob er sich immer mehr ins allgemeine Gebiet des Wissens. Schon bei diesem ersten Vortrag trat mir seine Eigentümlichkeit entgegen, von Einzelheiten zu beginnen und im Schwung der Gedankenentwicklung auf seine entscheidenden Prinzipien zu kommen.

Den ganzen Umfang des Vortrages mit seinen Einzelheiten hier wiederzugeben, würde die Darstellungskraft des Referenten weit übersteigen; erwähnen will ich noch, dass die Betrachtungen schließlich gipfelten in seinen wichtigsten Grundgedanken: „Innerliches veräußerlichen, Äußerliches verinnerlichen." Fröbel liebte es, oft auf diese seine Grundidee zurückzukommen, doch war es den Mädchen nicht lästig, da er ja stets bei jeder neuen Betrachtung neue Beziehungen, neue Seiten entwickelte.

Als ich 1853 mit Fräulein Bothmann auf diesen Gegenstand zu reden kam, sagte mir diese, dass gerade das öftere Wiederholen ihnen diese entscheidenden Ideen erschlossen hätte. Anfänglich hätten sie nur für das Praktische Interesse gehabt, aber da Fröbel immer und immer auf seine entscheidenden Ideen zurückkam, so sei ihnen endlich die große Bedeutung derselben klar geworden, obwohl erst später durch die Praxis der wahre Kern derselben erschlaffen wurde.

Nach dem Vortrag begaben sich die Mädchen nach oben, um unter Anleitung von Fräulein Levin praktische Arbeiten vorzunehmen.

Fröbel ging mit uns noch einige Zeit im Garten auf und ab, schaute auch gelegentlich nach oben zu den Arbeiten der jungen Mädchen, bis wir uns gegen Mittag empfahlen. Er rief uns zu, den Nachmittag nicht zu versäumen, wenn die Kinder zum Spielen kommen; „Sie werden auch Frau v. Marenholtz kennen lernen, sie kommt an den Spieltagen immer zu mir."

„Diesen Tag werde ich nicht vergessen," sagte Pösche am folgenden Abend, als wir uns zur Ruhe begaben, „wir haben Bedeutendes erlebt, heute Morgen den Vortrag und nachmittags das Spiel. Mir ist es fast, als wenn Fröbel unter der kleinen Schar Liebensteiner und Schweinaer Kinder bedeutender erschien als beim großen Spielfest am Sonntag."

„Ich kann nicht leugnen," erwiderte ich, „dass mich derselbe Eindruck beherrscht; war er dort auch der große Organisator, der bald hier bald dort die Massen regierte, so war er gestern in seiner hohen pädagogischen Begabung deutlicher zu erkennen. Wie gab er sich jedem einzelnen Kinde hin, mit welcher Liebe leitete er alle diese schwierigen Spiele!" — Pösche fiel ein: „Ja, vor allem dieses innig symbolische Kreisspiel: ‚Wer soll uns die Mitte zeigen?' berührte mich förmlich mysteriös, es war, als ob die Kinder etwas ihnen Fremdartiges suchen, als wenn sie eine Sehnsucht triebe, etwas ihnen Fremdes zu finden und ihr Geist in ungeahnte Regionen geführt würde."

„Merkwürdig," sagte ich, „ist mir vor allem die Wirkung, welche Fröbels Spiele bei den Kindern hervorbringt, sie scheinen ganz aufzugehen in dem, was sie darstellen, dieselben Kinder, die kurz vorher mit trotzigem Schritt vorwärts gehen, wenn gesungen wird: ,Der Hauptmann, er führt uns, er geht stolz voran!* gewinnen bei diesem Spiel mit der Mitte plötzlich einen ernsten, sinnenden Blick, es ist, als ob sie ein anderer Geist ergriffe. Hast Du gesehen, ob eines der Kinder etwa, wie es sonst geschieht, nebensächliche Allotria getrieben hätte?" Pösche meinte: „Du hast Recht, ich habe anfänglich kaum darüber nachgedacht, aber jetzt bin ich wirklich überrascht, eine musterhafte Ordnung herrscht bei den Kindern, der sich keines entzieht; es muss etwas Eigenes in diesem Geiste liegen, der, ich möchte sagen, alle diese Individuen auf einen Punkt zu lenken scheint. Selbst die beiden trübsinnigen Mädchen, die Diesterweg und die mit der unglücklichen Liebe, schienen in solchen Augenblicken begeistert und ganz im Spiele aufzugehen."

„Ja," fügte ich hinzu, „es ist die Macht der Stimmung, die eben auf Andere wirkt. Fröbel ist ganz in seiner Sache und weil er ganz darin ist, kann sich auch kein anderer auf die Dauer dem Eindruck entziehen. Er reißt zuerst die Kinder und dann die jungen Mädchen mit sich fort." Unwillkürlich musste ich mir die Frage stellen: Werden auch alle diese Ideen, die er jetzt anregt und mit seinem Geiste belebt, einen ähnlichen Einfluss üben können, wenn des Meisters Auge nicht mehr auf ihnen ruht? Ich teilte Pösche meine Besorgnis mit, auch ihn schien diese Frage lebhaft zu ergreifen.

„Nun, wir sind ja morgen bei der Baronin v. Marenholtz eingeladen," sagte er, „da wollen wir die Sache zur Sprache bringen, sie hat Dich schon heute gehörig ins Kreuzfeuer genommen, als Du von diesem dem Weibe angeborenen Zug für das Verständnis des Kindes nicht recht erbaut sein wolltest und zu Fröbel nachmittags einige zweifelnde Bemerkungen darüber machtest." — „Weißt Du," sagte ich zu Pösche, „so interessant mir auch der ganze Tag gewesen ist, so setzte doch der Rückweg, den wir gemeinsam mit der Baronin nach Liebenstein machten, der ganzen Sache die Krone auf, — eine solche hochbegabte Freundin seiner Sache wird Fröbel nicht weiter finden, die weise Frau scheint sich in jede Detail der Angelegenheit versenkt zu haben und dabei eine umfassende Kenntnis aller neuen Erscheinungen. Wie klar und bestimmt fasst sie z. B. das Verhältnis innerhalb der neuen philosophischen Schulen auf, wie die verschiedenen Parteien der Hegelschen Richtung. Trotzdem, dass sie nach anderer Seite hin in der Philosophie neigt, ist ihr doch der tatsächliche Bestand der Parteien vollständig klar und selbst in ihren Angriffen gegen Ludwig Feuerbach, den ich ihr gegenüber verteidigte, hat sie sehr viel Stichhaltiges vorgebracht."

Endlich kam der Nachmittag heran. Den Morgen vorher, Donnerstag, den 8. August, waren wir bei Fröbel gewesen und hatten von ihm, anknüpfend an die Betrachtungen des vorigen Tage-, höchst interessante Erörterungen über Spiel und Beschäftigung gehört, auf die ich demnächst bei Erörterung seiner Methodik mehr eingehen werde. Noch voll von diesen Eindrücken waren wir nachmittags zur Baronin getreten; sie empfing uns in ihrer raschen und lebhaften Weise: „Nun, haben Sie sich es endlich überdacht, begreifen Sie jetzt, dass jede weibliche Erziehung beginnen muss mit der Ausbildung des erzieherischen Instinktes zum erzieherischen Bewusstsein?"

Ich konnte in jenem Augenblick noch nicht auf diesen Ideengang eingehen. Von früher Jugend auf hatte ich Erfahrungen gemacht über die große Einseitigkeit der weiblichen Bildung und der meist daraus entstehenden Unfähigkeit zur erzieherischen Tätigkeit derselben. Viele Erfahrungen hatten in so eigentümlicher Weise auf mich gewirkt, dass ich schon in frühen Jahren zum begeisterten Anhänger der Idee wurde, die eine gleichartige Bildung, des Mannes und des Weibes als Voraussetzung hinstellte. Die weibliche Hochschule in Hamburg, gerade damals in vollem Wirken, schien mir Ideal. Noch in der letzten Zeit hatte ich manches Erfreuliche davon gehört. Von solchen Ansichten getragen hatte ich schon den Tag vorher mit der Baronin in diesem Sinne gesprochen und sah mich genötigt, auch in diesem Gespräch meinen bis dahin eingehaltenen Standpunkt festzuhalten.

Dieser Nachmittag nun sollte entscheidend für mich werden, weniger dadurch, dass ich etwa an jenem Tage schon überzeugt worden wäre, sondern, dass eine Fülle von Ideen, die jene hochbegabte Frau an jenem Tage wie geistige Saatkörner ausstreute, allmählich in meiner Seele Wurzel fassten und einen langen Umbildungsprozess einleiteten, dessen Abschluss vielleicht erst 10—12 Jahre später stattfand, als im Jahre 1865—66 die Frauenbewegung in Deutschland in erneuerter Weise auftauchte. An jenem Tage rangen die beiderseitigen Ansichten miteinander wie zwei leidenschaftlich verbissene Kämpfer; die Baronin voll hoher Begeisterung ihre Ansicht verteidigend, ich meinerseits mich stützend auf eine Reihe von selbst erlebten Tatsachen, wie von gesammelten Beweisgründen aller Art. Freund Pösche amüsierte sich über das „geistige Turnier", wobei wir beide immer erregter wurden, ja dass sogar einen Augenblick erschien, als ob eine Verstimmung die Folge desselben sein würde. Doch fühlte jeder heraus, dass aus dem andern nicht Eigensinn, sondern Überzeugung spräche, darum fanden wir uns bald auf neutralem Boden wieder.

Pösche begriff im richtigen Augenblick, dass er die Rolle des Vermittlers zu spielen hätte und meinte: „Die Partie ist von keiner Seite gewonnen, sie ist remis, wie man beim Schach sagt. Ich habe, wie Sie sehen, den Neutralen gespielt, jetzt aber möchte ich ein gemeinsames Thema aufnehmen. Fröbels Lehre vom Spiel scheint mir doch im hohen Grade überraschend; dass er das Spiel für die wahre Arbeit der Kinder erklärt, ist doch ein zu kühner Gedanke." Hatte ich bis jetzt den Pfeilen der Baronin Stich halten müssen, so hatte nun Freund Pösche seinerseits in ein Wespennest gestochen. Mit ihrer liebenswürdigen Genialität, die sie bei Behandlung solcher Fragen besitzt, fing sie an, die Umrisse von Ideen zu entwickeln, wie wir sie nachher in ihrem vortrefflichen Aufsatz „Das Wesen des Kindes" niedergelegt fanden. Schon damals dämmerten bei diesen Betrachtungen für mich Gesichtspunkte auf, die ich dann nach Jahren freudig wiederfand. Mögen diese Andeutungen hier genügen; da Fröbel die Hauptperson unserer Betrachtungen ist, darf ich so wichtigen Mitteilungen zu meinem tiefen Bedauern hier keinen weiteren Raum schenken. Ganz übergehen aber hätte ich sie auch nicht dürfen, denn sie wurden schon damals für meinen weiteren Verkehr mit Fröbel höchst bedeutungsvoll.

Zwei Vorträge hörte ich nun noch in derselben Woche; am Freitag, den 9., behandelte Fröbel hauptsächlich die ersten Eindrücke des Verkehrs des Kindes mit der Mutter; anknüpfend an die Betrachtung, wie er sie in seiner „Menschen- erziehung" so trefflich über Lachen und Weinen des Kindes gab, schritt er an diesem Faden fort, sprach sich über die erste Entwicklung der Sinne aus, oft auf Punkte zurückkommend, die in den „Mutter- und Koseliedern" enthalten waren.

Am Sonnabend, den 10., sprach er auf meinen Wunsch über das Schmeckliedchen, über die Bedeutung des physischen Geschmackes, über den Zusammenhang mit dem geistigen Geschmack, über die Art und Weise, wie die Kinder in dieser Beziehung zu bilden seien und über noch Vieles darin Einschlägige.

An demselben Tage waren wieder die Spiele der von auswärts kommenden Kinder; er teilte uns vorher mit, es würde heute ein Spiel gespielt, das er erst vor kurzem erfunden habe, angeregt durch ein Lied, das er von einem Singverein, wenn ich nicht irre, in Salzungen gehört hatte. Wie erstaunten wir nachher, als das bekannte Müllerlied in der Zöllnerschen Komposition „Das Wandern ist des Müllers Lust" ertönte und dazu jenes originelle Spiel ausgeführt wurde, wo die Kinder bald das Wasser darstellen, bald die Räder, endlich gar die plumpen Steine. Die Lebendigkeit fesselte uns dabei ungemein, auch andere Spiele wurden gespielt und mit Raschheit ausgeführt.

Auf Wunsch der Baronin hatte ich am Freitag Mitteilungen begonnen über die Geschichte des Dramas, wie ich sie in Keilhau gehalten hatte; Middendorffs Brief, der dieselbe erwähnte, hatte sie darauf aufmerksam gemacht, meinte die vortreffliche Frau.

Ich hatte am Freitag nur die Einleitung und das antike Drama besprochen; Sonnabend Abends, als wir zurückwanderten, meinte die Baronin: „sie haben bei mir eigene Ideen angeregt durch Ihre Darstellung, wie eben das griechische Drama sich am Faden religiöser Feiern und Erinnerungen entwickelt hatte und wie immer die religiöse Idee, die Idee vom Fatum der Mittelpunkt gewesen sei; diesen innigen Zusammenhang, den Sie betonen, zwischen der alten Götterlehre der Griechen und den sich vorbereitenden neuen Anschauungen, dass der Mensch nicht mehr gebunden sei ans Fatum, wirkte auf mich ahnungsvoll, — ich möchte fast vorgreifen und Ihnen sagen, inwiefern Sie dem gegenüber Shakespeare und die modernen Dichter stellen müssen." „Geduld," sagte ich, „wir werden ja auch auf diesen Punkt zu reden kommen, nächste Woche kommt der zweite Vortrag und wie in Keilhau, so hoffe ich auch hier an diesem Abend das moderne Drama der Antike gegenüber zu stellen."

„Eins," meinte Pösche, sich zu mir wendend, „hast Du doch nicht ins klare Licht gesetzt; so richtig und schön Du auch den Gegensatz zwischen den alten Göttern und den neuen, wie sie im Prometheus zur Sprache kommen, hervorgehoben hast, so tritt doch im Fundament dieser Anschauung der Gegensatz, der der griechischen Mythologie gegenüber trat, der Kampf gegen die Anschauungen, welche die Götter als Naturkräfte fassten, gegen die asiatisch-titanische Richtung, jenes Auffassen der Götter als Repräsentant sittlicher Ideen, nicht genug hervor."

„Mir war es immer, als wenn bei Dir Sophokles, wo Du im Hause des Lajos den ganzen Übergang klar machtest und im „Ödipus auf Kolonos" die Anfänge des Christentums bezeichnet hast, bester wegkäme als Aischylos, der doch die Grundlage für alles abgab." — „Du magst recht haben," meinte ich, „aber wo Zeit hernehmen? — Wollte ich die griechische Mythologie erörtern, so bedürfte ich eines sehr großen Raumes für solche Vorträge."

Wir brachen ab. — Erst später erfuhr ich, was denn auch in der folgenden Woche ausgeführt wurde, dass Pösche hiermit einen Fühler ausstreckte, ob auch für ihn Geneigtheit zu einem Vortrag aus der griechischen Mythologie vorhanden sei.

„Was mich am meisten ergriff," meinte nun die Baronin, „war dieses Verwachsen des Dramas mit dem gesamten Leben der Griechen, dieses Herausarbeiten der griechischen Kunst aus dem Volksleben, dieser Drang, sich selbst und seine

Erlebnisse darzustellen, der erst alle Formen des Epos und der Lyrik vor anschickt, ehe er sich selbst als eigenstes Wesen erkennt und dann erst, wenn er die Schwesterkünste der Plastik zu Hilfe genommen hat. — Misten Sie, mir ist es, als ob in Fröbel die Absicht sei, in Deutschland etwas Ähnliches vorzubringen."

Ich stand staunend vor dieser Frage. Noch hatte ich damals Richard Wagners „Kunstwerk der Zukunft" nicht gelesen, wohl aber ein Referat desselben kurz vorher, es war mir, als ob plötzlich eine neue Welt für mich aufginge, die Bewegungsspiele gewannen einen ganz anderen Sinn, lange Jahre sannen ich und Pösche darüber nach, wie wir uns das erklären sollten, — 10 Jahre später, Oktober 1860, erhielt ich von Pösche einen Brief, der mit den Worten anfing: „Heureka, ich hab's gefunden, in Richard Wagner und Fröbel besteht die Ähnlichkeit, dass beide von der Selbstdarstellung ausgehen und Ton, Wort und Bewegung in derselben finden, von Richard Wagner aus mit Erneuerung der Kunst wie der Pädagogik durch Fröbel." Auf diesen Grund habe ich später weiter gearbeitet, an jenem 10. August wurde der erste Grundstein meiner Ideen über das Fröbelsche System gelegt, aber lange bedurfte es, ehe sie lebendig wurden und feste Sicherheit gewannen, sinnend wandelten wir drei bis zum Kurhaus, da reichte uns die Baronin die Hände und sagte: „Wir drei bleiben in Fröbel verbunden!" — „Verbunden für immer," sagten auch wir. — Die Nachwelt mag entscheiden, ob wir Wort gehalten.

7. Die Woche des klaren Erkennens.

Am Sonntag, den 11., hatten wir uns absichtlich nicht zu Fröbel begeben; wir wollten dem hochverehrten Mann auch einen Tag der Ruhe gönnen. Statt dessen arbeitete Pösche den ganzen Morgen mit Auszügen aus Fröbels Schriften und wollte nach Tisch ebenso fortfahren, als ich ihn endlich nachmittags abrief. Ihm war von der Fülle der Notizen, aus ihm fremden Werken, der Kopf ganz wirr geworden. „Wie soll man das alles überwältigen und anwenden, ich bin überrascht durch viel Neues, aber wenn ich das Neue in Verbindung bringen will, muss ich noch Klüfte übersteigen." — „Gut Ding braucht Weile. Ich an Deiner Stelle würde jetzt noch nicht so viel ausziehen, Du findest ja später Gelegenheit, die Bücher zu erhalten, und hast Du erst mit dem, was Du hier gesehen, gut gewirtschaftet, so werden die Bücher dann mehr nützen." — Pösche schüttelte den Kopf. „Ich muss mich der Sache bald bemächtigen, die Woche geht zu Ende, ich komme wohl mit entscheidenden Eindrücken, aber nicht mit Verständnis zurück." — „Wir haben noch sechs Tage und — muss es denn das letzte Mal sein, dass Du hier warst, — übereile nichts, nimm auf, was sich bietet, nimm es mit Wärme auf, aber lass es reifen."

Mit diesen Worten biegen wir in den Kurhausgarten und vor uns stehen das große Fräulein Bothmann und das kleine Fräulein Zürn. Im ersten Augenblicke verlegen, wie sie sich uns nähern sollten, sagten sie uns dann: „Warum sind Sie denn heute Morgen nicht dagewesen, Fröbel hat Sie erwartet und war gar nicht zufrieden, dass Sie fehlten." Wir entschuldigten uns und sagten, nachdem er uns für Montag zu einer Partie nach dem Hirschstein geladen, so hätten wir geglaubt, er wolle am Sonntag Ruhe genießen. „Ei, da kennen Sie Fröbel sehr schlecht," meinte Fräulein Bothmann, „ich glaube, wenn jemand in tiefster Mitternacht zu ihm mit einer wichtigen pädagogischen Frage käme, würde er sofort schlagfertig sein und stundenlang darüber sprechen. Er wünscht lebhaft, die Gespräche mit Ihnen fortzusetzen, und kommen Sie ja morgen rechtzeitig hin. Sie werden freilich von ihm einen Verweis erhalten" — dann empfahlen sich die Mädchen und gingen weiter. „siehst Du, da hast Du es," sagte ich zu Pösche. „Fröbel selbst will sich uns mitteilen, wozu also aus trägen Büchern, schöpfen wir aus der Quelle selbst — aber heute, da ist es zu spät, lass uns Feld und Wald genießen und im frischen Odem der Natur uns für die morgigen Genüsse vorbereiten."

Am folgenden Tag, Montag, den 12., nahmen wir an der herrlichen Partie teil. Noch unter der milden Morgensonne wunderten wir zum taufeuchten Garten, Fröbel erwartend, der uns gleich mit seiner Schar entgegenkam und rief: „Nun rasch, dass wir die heißen Landwege bald passieren und den schattigen Wald erreichen. Wir folgten seinem Rate und wanderten unter der Mädchenschar, während er noch einige Anordnungen traf und mit Fräulein Levin die mitzunehmenden Esskörbe revidierte. Allmählich ging es bergauf, wir wanderten beim Schloss Altenstein vorbei, bei jener Wiese, wo acht Tage vorher das Fest stattfand, immer weiter in den Wald.

Lange Zeit schien es, als ob Fröbel, mit anderen Gedanken beschäftigt, uns kaum beachten wolle. „Sollte er böse geworden sein," meinte Pösche. — „O nein." erwiderte ich, „er hat sich ja freundlich erkundigt, er scheint nur nachzusinnen und darum noch nicht gestimmt zu sein." Wir ließen auch nichts merken und unterhielten uns bald mit Fräulein Levin, bald mit den Mädchen, die uns Mancherlei aus den Stunden, aus ihrem Vorleben u. a. erzählten. Auf einmal stand der Alte unter uns: „Das ist ganz recht, dass Sie sich ein bisschen um die Schülerinnen bekümmern. Ich habe absichtlich eine Landpartie gemacht, damit wir auch gemächlich werden; damit nicht bloß die Unterhaltungen über Gegenstände unserer Aufgabe allein herrschen, dass auch das leichtere Geschütz des Verkehrs hereingeführt werde, — ein Bogen, zu viel angespannt, wird schlaff, das gesunde Plaudern dazwischen ist recht fruchtbringend. — Nun kommen Sie aber ein bisschen mit mir, ich will Ihnen auch erzählen, aber heute nicht vom Fach, vom Reisen, von meinen Schweizer Eindrücken."

Und nun ging Fröbel in eine Schilderung der Alpenwelt über, an die ich stets mit großem Interesse zurückdenke; er redete von gemeinsamen Ausflügen, die er von Schloss Wartensee aus mit Freunden gemacht, von den stillen herrlichen Wasserspiegeln, die dort, im Kanton Luzern, in Menge Vorkommen, vom Sempacher See und der Schlacht. Wenn ich nicht irre, erzählte er uns sogar einige Verse aus dem Sempacher Schlachtlied.

Dann ging er auf seine Jugendheimat über, wie er zum ersten Mal den Kirchberg bestiegen — er freute sich sehr, dass auch ich beim Besuch in Oberweißbach diesen Berg bestiegen hatte. „Nicht wahr, es ist ein herrlicher Blick von der Höhe herab ins eingeschnittene Tal, ja wer in der Jugend solche Eindrücke aufgesogen, wird ihrer nie satt, ich kann darum nur auf dem Lande leben; im Dunstkreis der Städte könnte ich nie meinen Aufenthalt nehmen." Während wir so sprachen, waren wir allmählich in eine tiefe Schlucht hinabgekommen und fanden uns an einem engen Pass. „still," sagte Fröbel, „hier ist ein historischer Platz. An dieser Stelle wurde Luther von Rittern der Wartburg aufgehoben, als er von seiner Heimat Möhra zurückkehrend, nach Wittenberg reisen wollte — und hier," er trat auf einen Baum zu, „ist die historisch gewordene ‚Lutherbuche‘, von der so viele Reisende sich Stücke holen; sie ist vom Blitz zerschmettert, aber ihre Reste werden geschont." Wir betrachteten mit großer Andacht den denkwürdigen Baum, es war für uns ein wunderbares Gefühl vom echten deutschen Mann, dem Sohn Thüringens, dem neuen Schulmeister der Welt nun auf den Begründer der deutschen bürgerlichen Sitte, auf den Mann, der zuerst die Bedeutung der Gesinnung im Gegensatz zu äußeren Werken betont hatte, auf den Verkünder der deutschen Familiensitte in den Tischreden hingewiesen zu werden.

Pösche gab dieser Empfindung Ausdruck und meinte, dass, wie man Melanchthon praeceptor germaniae genannt hatte, so einst die Weltgeschichte von Fröbel als Schulmeister der Welt sprechen würde. „Nun, wollen’s abwarten, oder vielmehr ich werde es nicht erwarten, aber eines beruhigt mich, ich habe mich im Baum der Geschichte so tief eingegraben, dass mein Name nicht leicht erlöschen wird." — Wir brachen ab und wendeten uns zur Talsohle. — „sehen Sie, so ähnlich sind hier die Bergbildungen Thüringens, diese schmale enge Talsohle kehrt fast überall wieder, auch Möhra hat keinen breiten Talgrund.

Oft kann ich, wenn ich über Luthers Charakter nachdenke, das Knorrige, aber auch das Unbeirrte seines Wesens durch die Umgebung seiner Zeit nur als Ausfluss der Eigentümlichkeiten seines Wohnortes mir denken." Auch mir waren ähnliche Betrachtungen betreffs Luthers gekommen; ich fügte aber hinzu: „sollte nicht auch Luthers bange Furcht, die erst in seinen späteren Lebensjahren gelöst wurde, vielleicht erst unter Katharina v. Boras. günstiger Pflege, sollte nicht auch auf Luthers beängstigtes Jugendgemüt außer dem Vorgang des Blitzschlages, der den Freund traf, auch die engen Verhältnisse seiner Heimat gewirkt haben?" „Möglich," sagte Fröbel, „doch wirkte gewiss die ganze Zeitstimmung mit ein." „Und vergessen wir die Rute nicht, die der arme Knabe so oft erleiden musste," sagte ich, „wenn gut berichtetet, sogar neun Mal an einem Tage, dieses verbunden mit der Furcht vor dem Fegefeuer mit seinen Teufeln und Martern mag wohl auch mitgewirkt haben." —

„Greifen wir nicht so weit, diese Ängstigungen lagen in der ganzen damaligen Zeit, sie ergriffen Luther ebenfalls mit Macht, sie mussten ihn umso mehr ergreifen, weil sein grübelnder Geist bei den ersten Studien, bei der trägen Jurisprudenz jener Zeit, gefesselt war; Luther war kein Mann, der bei einer Nebenwissenschaft bleiben konnte, die Theologie, damals Grundstein aller Bildung, zu ihr musste er hinstreben und es war gut, dass es auf diesem Wege geschah, denn dadurch erprobte sich seine Kraft für spätere Unternehmungen, die sonst wohl schwerlich so gereift wäre." —

„Doch es ist Zeit, dass wir fortgehen, die Mädchen werden schon unruhig, hier in der Nähe ist ein lauschiges Plätzchen, da werden wir das Frühstück einnehmen, dann das Gebirge besteigen und von dort einen herrlichen Ausblick in die Gegend gewinnen." Auf grüner Matte, von kleinen Felsen umrahmt, nahmen wir Platz und verzehrten die kalte Küche, die Fräulein Levin mit sich führte. Ein reich sprudelnder Quell in der Nähe versorgte uns mit Trinkwasser. Obwohl auch für andere Erfrischungen gesorgt war, mundete uns doch das Wasser am besten. Fröbel war sehr heiter und erzählte kleine Vorgänge, wie sich dieser oder jener Knabe im Wald verirrte, wie die Knaben ihre Berggärten anlegten — schließlich gedachte er mit herzlichen Worten der Beihilfe seiner ersten Frau und seiner Nichten, doch wandte er sich jetzt an Fräulein Levin: „Hier habe ich auch eine rechte Beihilfe gefunden, seht nur, wie sie so tätig unter den Mädchen wandert und nachsieht, dass alles in Ordnung ist — ja, sie ist ein tüchtiges Wesen, gleich begabt als Lehrerin und Leiterin des Hauswesens, ich habe an ihr eine große Stütze!" Nun ging es unter Wendungen immer höher bergauf, ich glaube, die Partie hieß der Hirschstein; abermals löste sich die Gesellschaft in kleine Gruppen und Fröbel war bald hier bald dort: „Ja ja, es macht heiß, die Götter haben den Schweiß vor die Freude gesetzt, aber Sie werden oben reichlich belohnt werden." Wir folgten ihm und herrlich in der Tat war der Genuss. Von der hohen Bergplatte, die wir bestiegen, sahen wir den ganzen großen Streif des Werratales bis weit nach dem Rhön, in mannigfaltigen Biegungen sich windend.

Fröbel erörterte jeden Punkt, teilte uns über den geologischen Bau und über historische Merkmale alles mit — „ja, das ist der Platz, wo der alte Bonifacius seine große Bekehrungswanderung machte. Von dem hat auch die Sage seinen eigentlichen Charakter verwischt; ein gewaltiger Naturmensch, im Wissen seiner Zeit mächtig, hatte er lange Zeit in England als berühmter Lehrer in allen Wissenschaften geglänzt, ehe er in späteren Tagen seinen kühnen Entschluss fasste — und auch hier verbreitete er überall Bildung und Sitte." Als die Hitze des Mittags überwunden war, in den späten Nachmittagsstunden verzehrten wir endlich unser Mahl, das aus einer geschickt zusammengestellten kalten Küche bestand und uns vortrefflich mundete.

Fröbel verbreitete sich auch bei dieser Gelegenheit wieder über so manche Begebenheit der Vergangenheit. Erinnerlich sind mir besonders einige Notizen aus seiner ersten Zeit in Frankfurt, wie er darauf gekommen sei, Wert auf körperliche Arbeit zu legen. Die Vorteile, die ihm dieses bei der Erziehung der Kinder der Frau v. Holzhausen gebracht habe und wie in Keilhau dann diese Einrichtung noch mehr bekräftigt wurde.

„Ja," schloss er diese Betrachtung, „die ganze Menschheit krankt jetzt daran, dass man die Gaben nur einseitig ausbildet, der Eine arbeitet zu viel geistig, die Muskelkraft wird geschwächt, der Körper dadurch unfähig, dem Widerstand der Natur von außen entgegen zu treten, der Andere muss sich körperlich aufreiben und da das Gehirn nicht genug beschäftigt wird, das ganze Nervenleben in toter Dumpfheit ruht, dadurch dass er keine andere Zerstreuung hat als das wilde Maßlose und so ruiniert er sich auf andere Weise. Körper und Geist müssen abwechselnd beschäftigt sein, wer körperliche Tätigkeit zum Berufe hat, muss geistige Liebhabereien pflegen als Erholung und wer viel geistig arbeitet, versäume es nie, körperliche Geschicklichkeiten zu üben, nur wenn wir unsere Kräfte abwechselnd anregen, können wir gedeihen. Freilich bringt es die Aufgabe der Natur mit sich, dass der Einzelne als Pionier vorherrschend die eine oder andere Tätigkeit üben muss; aber gerade dazu dient die Erholung, sie soll eben diejenigen Organe wieder in Tätigkeit setzen, welche durch die Tagesarbeit zur Ruhe verdammt wurden und anderen Ruhe gewähren. Wir Männer sind ja Pioniere, die Frauen haben es besser, die sind zu universeller Tätigkeit bestimmt."

Auf dem Heimwege beschäftigten Pösche und ich uns mit dem Wiederholen und Durchsprechen mancher von Fröbel gewonnenen Anregung. „Wunderbar," sagte ich, „wächst der Mann in meinem Auge, während ich anfangs in seinem System das Streben sah, einen vernachlässigten Kulturzweig, die Handgeschicklichkeit, weiter auszubilden, sah ich auf einmal, dass das nur einzelne Seiten eines mächtigen Systems sind, das mir mächtig entgegentritt, immer wunderbarer wird mir der Zusammenhang Fröbels mit den Kulturbestrebungen unserer Tage, ich muss ihn ganz ergründen."

Diese Woche sollte mir in der Tat Gelegenheit geben, über seine Besprechungen weiter nachzudenken und reiches Material zu entfalten. Schon den Abend, nachdem wir uns verabschiedet, kam es zwischen mir und Pösche zu mannigfachen Erläuterungen über die Grundfragen der Pädagogik, über das Verhältnis unseres Meisters zu seinen großen Vorgängern Rousseau, Pestalozzi und Fichte. Lange wanderten wir mit solcher Unterhaltung km Garten und gingen sehr spät zu Bett. Dafür versäumten wir auch am folgenden Morgen bei Fröbel die erste Stunde und kamen erst hin, als die Mädchen unter Fräulein Levins Leitung bei einer Handarbeit waren.

„Aha, da kommen die Langschläfer," sagte Fröbel, „aber," setzte er hinzu, „sie haben nicht viel versäumt, wir haben heute Morgen die Stunde ebenfalls ausgesetzt und ich bin mit den Mädchen ein bisschen in die Wiesen gegangen und habe Feldblumen gepflückt, hier liegt noch unser ganzer botanischer Seziertisch, wollen Sie Teil nehmen, so will ich der Hauptsache nach wiederholen, was wir heute durchgenommen" — und nun kam eine interessante Erörterung, die, von den Grundzügen der botanischen Formenlehre ausgehend, auf Verschiedenes aufmerksam machte und dann bei der Benutzung derselben verweilte. Fröbel zeigte uns die Menge des bildenden Stoffes, der oft im Einzelnen gebunden sei, gab dann die Betrachtung, wie eine Tätigkeit durch Vergleichung zur andern führt und erregte bei uns ein förmliches Erstaunen über diese Fülle von Kenntnissen.

Nachmittag, den 13., blieben wir dann einer Verabredung gemäß zu Hause, da Fröbel eine Arbeit für seine Zeitschrift vollenden musste und die Mädchen ihre durch die letzte Partie schadhaft gewordene Kleidung ausbessern mussten. Auf Fröbels Rat besuchten wir die naheliegenden Kuppen und sprachen von den Eindrücken weiter.

Mittwoch, den 14., sollte Anregungen anderer Art bringen. Der Morgenvortrag Fröbels beschäftigte sich diesmal mit der Gewöhnung der Kinder an Ordnung, Ruhe und Teilnahme durch die Geselligkeit. Er führte mehrere Beispiele an, wie wilde Kinder durch die Teilnahme an den gemeinsamen Spielen artig wurden, er erzählte Fälle von besonderer Schwierigkeit, die diese oder jene Kindergärtnerin erlebt hätte, dabei fielen auch einige satirische Hiebe, die jedoch gutmütig gemeint waren, auf manche Mutter, wenn sie ihre Kinder in den Kindergarten brächten. Wir gehen hier nicht weiter darauf ein, da Ähnliches jetzt fast in allen Kindergärten erlebt wird; damals aber war uns das Mitgeteilte neu und erweckte daher unser Staunen. „Ja," sagte Fröbel, „die Hauptursache aller Unarten liegt in der Langweile, ernährt sie geistig gut, weckt den Tätigkeitstrieb und die wenigsten Kinder werden zu Unarten geneigt sein; die Gemeinschaft, richtig gelenkt, weckt nur die guten Gaben. Es ist richtiger gesagt, Kinder gewöhnen sich da gute Eigenschaften an, als das gewöhnliche Wort, sie lernen Unarten. Letzteres ist wohl im beschränkteren Sinn des Wortes wahr, aber nur dann, wenn man keine richtige Aufsicht führt, nur Kinder, die sich langweilen, lehren Unarten, tätige Kinder lehren Anderen nur Gutes."

Nachmittags, als wir wieder zum Spiel herausgingen, machte ich einen Besuch bei der Frau Baronin v. Marenholtz-Bülow, Pösche, der einen wichtigen Brief zu schreiben hatte, war schon tags zuvor bei derselben gewesen, er sagte zu mir: „Gestern hast Du allein zu Hause gearbeitet, während ich dort war, jetzt tun wir es umgekehrt."

Die Baronin, von der gerade ein Besuch fort ging, war sehr froh, mich noch vorher zu sprechen, ehe wir zum Spiel gingen. — „Ich muss Sie doch noch auf Manches aufmerksam machen, was Sie vielleicht interessiert, Fröbel hat mir versprochen, Ihnen heute die Ballspiele zu zeigen und da möchte ich Sie doch aufmerksam machen, wie förderlich hierbei die verschiedenen Bewegungen sind; ich habe mich etwas mit der Spießschen Lehre vom Freiturnen beschäftigt und es ist interessant, wie Fröbel fast jede Muskel in Bewegung setzt."

„Ja," antwortete ich, „diese Harmonie zwischen Körper und Geist scheint mir charakteristisch bei Fröbel zu sein, noch nie ist mir bei einem Pädagogen eine solche Berücksichtigung aller menschlichen Bestrebungen vorgekommen, als wie hier bei Fröbel." „Ja, da haben Sie Recht," meinte die Baronin, „das ist seine wesentliche Stärke und hierin ist er bedeutungsvoll, doch Sie müssen nun noch das Gesetz kennen lernen, nach dem er diese Tätigkeiten ordnet und anführt, das Gesetz ist das Wesentlichste, doch es wird sich hierzu noch Gelegenheit finden." „sonderbar," meinte ich, „hat mich gestern ein Gedanke ergriffen, den Fröbel uns mitteilte, der Mann sei Pionier und das Weib universaler, ich denke darüber nach und kann noch nicht den rechten Zusammenhang finden." — „Und das können Sie nicht?" fiel die Baronin ein, „betrachten Sie nur die Frau in der wirtschaftlichen Tätigkeit und bei der Erziehung, es gibt keine Seite des Lebens, der sie nicht Aufmerksamkeit schenken muss, sehen Sie die Mutter an, wie das Kind fragend herantritt, sie soll Ursachen und Gründe der Welterscheinung angeben, oft muss sie solchen Fragen mit Mühe geschickt ausweichen, sie beseitigen, im nächsten Augenblick soll sie mit äußeren Kleinigkeiten sich beschäftigen, hier den Ball unter dem Schrank hervorsuchen, dort die Bausteine ordnen, — sehen Sie die Hausfrau an, wie sie jetzt daran denken muss, ob die Gardinen richtig hängen, dann, wie sie bei der Gesellschaft ihre Gäste zufrieden stellt, jetzt muss sie überlegen, wo sie billig einkauft, dann, wie sie klug verteilt, sie muss zugreifen, den Dienstboten oft Handgriffe zeigen — ist das nicht eine mächtige Universalität, heißt es da nicht, Geist und Körper immer zusammenzuhalten?"

„Sie haben Recht," erwiderte ich, „aber das, was Sie hier Vorbringen, ist ja fast wie geschaffen, den Gegnern unserer Ansicht Waffen zu verschaffen. Wenn das Weib nur so im Äußeren und Einzelnen verloren ist, wie soll es die Kräfte bekommen. Anderes auszuführen?" „Die Frau ist es nicht immer und nicht zu jeder Zeit," meinte die Baronin, „die gesellschaftlichen Verhältnisse entheben viele so mancher äußerlicher Pflichten und gestatten ihnen, sich tiefer und mehr mit Besonderem zu beschäftigen. Auch im Weibe gibt es Kräfte, die wie bei den Männern in der Weise der Pioniere handeln; das Leben ist reich und bietet die mannigfaltigste Abwechslung dar; selbst die Hausfrau kann sich, bei entsprechender äußerer Lage und Tüchtigkeit, nach vielen Seiten hin stützen und helfen lasten und darum können und werden viele Frauen, wenn auch nicht alle, ihre hohen Gaben und Talente entwickeln und entfalten. Freilich, an wem der Beruf herantritt, die Jugend zu bilden, der muss dieses für die höchste Pflicht halten, ebenso die Sorge für die Familie, die so sehnsüchtig nach der waltenden Hand der Mutter blickt. —

Doch das Leben der Frau ist lang und die Kinder wachsen allmählich heran. Fast für jede Frau kommt die Zeit, wo sie wieder dem Manne ähnlich, an freier Bewegung gewinnt, hat sie sich hierzu vorbereitet, so sind ihre Kräfte an der Jugendbildung gestählt und mächtig, der Geist fragt so wenig nach dem Geschlechte, als er nach Stand und äußeren Verhältnissen fragt. Wer ein Saatkorn einer Idee oder einen der Idee entsprechenden Ausdruck findet, der möge herantreten, er hat für die Zukunft ebenso gewirkt, als wer in der Familie einzelne Erfolge erzielt. Epaminondas erklärte, er habe zwei Töchter, die Schlachten bei Leuctra und Mantinäa, und das Weib hat auch das Recht, der Welt geistige Kinder zu hinterlassen. Doch," und dabei reichte sie mir die Hand zum Abschied, „ich muss noch einen Besuch machen, wir sehen uns bei Fröbel wieder."

Die Frau Baronin kam erst, nachdem die Spiele schon eine halbe Stunde im Gange waren, sie hatte sich im Orte etwas länger aufgehalten und Fröbel, der bis dahin die Kinder anders beschäftigte, war eben zum Austeilen der Bälle geschritten, nachdem er fast die Hoffnung aufgegeben, dass die Baronin noch komme.

„Ah, kommen Sie endlich," rief er schon, als er die Baronin vom Weiten sah, „nun, das ist sehr recht, dass Sie sich einfinden, ich hatte schon darauf verzichtet, nun, aber Kinder lasst den Ball schwingen!" — Mit großer Freude sah ich nun die sonst dem reiferen Alter zugewiesenen Ball- und Wurfspiele und hörte die dazugesetzten Lieder lebhaft vortragen, dazwischen nahm aber Fröbel wieder manche Lieder vor, wie sie für die Kinderschar passten. „Das Bällchen, das muss wandern" wurde mit viel Humor gespielt, ebenso ließ Fröbel das Bällchen wiegen, was zu einzelnem Gekicher unter den Kindergärtnerinnen Anlass gab. Fröbel warf einen scherzhaft strafenden Blick hin und meinte: „das ist wieder die kleine Wolfgang, die ihren Übermut nicht lassen kann." „Nein," platzte diese heraus, „Fräulein Schuberth hat mich so komisch angesehen, da musste ich lachen." — Eine köstliche Freude machte mir das Spiel mit den Fröschen und dem Storch, mit dem schönen Refrain

„Er hat uns nicht erwischt, qua, qua, qua.
Darum wird er brav ausgezischt, qua, qua, qua."

Einige mutwillige Knaben aus Schweina wussten das Quaken und Springen der Frösche zum großen Gelächter sehr wahrgetreu darzustellen, ein anderer Knabe stelzte mutwillig als Storch umher, seine Beine hoch empor hebend, den Hals weit ausgedehnt, um das Suchen mit dem Schnabel nachzumachen. Fröbel amüsierte sich köstlich —: „Seht, wie die Jungen beobachtet haben, das ist eine frische Gabe, bei Stadtkindern selten, sie verkommt bei unserer einseitigen Erziehungsweise viel zu schnell."

Auf dem Rückweg, den wir wieder mit der Baronin gemeinsam machten, wurde viel über Nachahmungstrieb und seine Entwicklung gesprochen, das Leben des Mädchens mit der Puppe und des Knaben mit dem Steckenpferd boten interessante Bilder für die Entwicklung der späteren Lebenszeit.

Wieder ging die Baronin sehr ausführlich auf die Wichtigkeit des Spieles ein, zeigte, wie jede Nachahmung des Kindes ein Studium sei, wie bei jedem oft geübten Spiel allmählich Berechnung hinzukomme. „sehen Sie," fuhr sie fort, „da gibt es so manche Spiele, die im Kindergarten oft gespielt werden, welche sich mit der Zeit mit einer Menge neuer Züge bereicherten. Sie haben gleich am ersten Tag das „Taubenhaus" gesehen, das war ursprünglich nur als Fingerspiel für die Mutter- und Koselieder bestimmt, aber viele dieser Liedchen wurden nachher im Großen gespielt, so das „Fischchen" und das „Taubenhaus". Anfänglich flogen die Kinder aus, allmählich kam man darauf, dass man sie erzählen ließ, aber in einzelnen Kindergärten hat man das Spiel noch mehr erweitert, wenn die Kinder nicht rechtzeitig in das Haus fliegen, so kommt der Habicht und rupft sie, das macht viel Spaß. Es ließe sich noch erweitern, wir haben Brieftauben ausgeschickt und als Fröbel das Lied „s' kommt a Vogerl g'flogen" hörte, meinte er, am Ende bringt man das auch mit dem Kindergarten in Verbindung und lässt das Kindchen als Taube Briefe bringen. In späteren Jahren musste ich oft an diese Prophezeiung denken, in der Tal wird in vielen Kindergärten dieses Lied in ähnlicher Weise gespielt.

Donnerstag, den 15., gab uns Fröbel im Morgenvortrag Aufschluss über verschiedene Unarten der Kinder und wie sie bekämpft werden müssen. Vor allem interessierte mich die ruhige Art, wie man in Keilhau so manche üble Eigenschaft der Kinder behandelt hatte, wo sonst eine leidenschaftliche Zurechtweisung Platz griff; so das Lügen, Neigung zum Diebstahl. Es wurde selten mit schroffen Mitteln bekämpft, sondern allmählich durch Gewohnheit und durch das gemeinsame Leben der Kinder beseitigt. „Sehr häufig kommt das Lügen davon her," meinte Fröbel, „dass die Kinder nicht richtig unterscheiden können zwischen wirklichen Tatsachen und Phantasiegebilden. Kinder sehen in einzelnen Fällen sehr scharf, meistens aber über die Dinge sehr flüchtig hin, weil sie noch nicht scharf unterscheiden. Da verdirbt es die falsche Erziehung sehr häufig, wenn sie diese Schwäche für absichtliche Lüge hält und durch schroffes Auftreten gerade das Entgegengesetzte erreicht, Hang zur Verheimlichung.

Das beste Mittel gegen das Entstehen der Lüge ist, dass man die Kinder gewöhnt, genau und scharf zu beobachten, und das Beobachtete richtig wiederzugeben, sowohl mit Worten als auch nach Möglichkeit durch kleine Zeichnungen und Umrisse, ja durch Nachahmung der Bewegungen und Vorgänge. Wer etwas richtig sagen, zeichnen oder darstellen kann, greift selten zum Unrichtigen, wenigstens nicht in der frühen Jugend. Damit wächst der Respekt vor der Wahrheit und hierin liegt die beste Waffe gegen die Lüge; der Stolz der Wahrheit muss in den Kindern erweckt werden." — „sollte nicht oft auch der Traum bei den Kindern die Wirklichkeit ersetzen?" meinte Pösche. —

„Sie haben recht," sagte Fröbel, „gewiss weiß das Kind vor dem 6.-7. Jahre kaum zu unterscheiden, ob es etwas erlebt oder geträumt habe, die richtige Erfahrung darüber wird ihm gar nicht so leicht."

Freitag, den 16., machte Fröbel auf unseren Wunsch verschiedene Mitteilungen über die 1. und 2. Gabe, das Ballspiel und dann besonders Kugel, Walze und Würfel, sie gaben hier Anregung zu einer Reihe von Betrachtungen. Da über diesen Gegenstand später teils von ihm selbst, teils von Schülern das Wichtigste niedergeschrieben wurde, habe ich hier keine Veranlassung, näher darüber zu berichten.

Sonnabend, den 17., sollte es wieder höchst interessant für mich werden. Vorher muss ich noch bemerken, dass Donnerstag, den 15., Pösche auf Wunsch der Baronin auch einen Vortrag hielt. Er hatte sich die Entwicklung der griechischen Mythologie als Thema gewählt und zeigte, wie aus der alten Anschauung von Naturgöttern allmählich diejenige der Anthropomorphie hervorgegangen sei; Hesiod, im Gegensatz zu Homer, bildete hauptsächlich den Stoff, den er bearbeitete, auch Ovid war mit hinzugenommen und damalige Forschungen wurden reichlich herbeigezogen. Allgemein fesselte der Ideenkreis, den Pösche angeregt hatte und besonders der Gedanke, dass eine frühere Anschauung der Menschheit auf einer höheren Stufe zur neuen Materie wird.

Schon den Abend selbst hatte sich die Baronin zu Pösche sehr anerkennend ausgesprochen und erwähnte, dass hierin auch ein wichtiger Punkt der Fröbelschen Lehre liege: „Es ist ja dasselbe welthistorische Gesetz, das Fröbel ebenso dem Kindergarten geben will, wie es die Großen unter sich selbst erlebten; die ganze Fröbelsche Erziehungslehre ist nichts als ein zusammengezogener Extrakt aus der Weltgeschichte, die Erfahrungen, welche einst die Menschheit durch Generationen machte, sollen in kompakter Form der Zeit von den Kindern erlebt werden." — So äußerte sich die Frau, welche unseren großen Meister ja am vollständigsten erfasst hat und am klarsten wiedergibt.

Am Abend sagten wir uns: „Wir sind jetzt wahrscheinlich an den Lebenspunkt der Fröbelschen Idee gekommen, noch ein Schritt weiter, und sie muss uns klar werden."

Sonnabend, den 17., hatte es sich Fröbel gerade als Aufgabe gestellt, den Nachweis zu liefern, wie im Kinde jede vorhergehende Stufe Fundament für die nachfolgende wird. In liebenswürdiger Weise knüpfte er bei Pösche an und beleuchtete mit ähnlichen Worten, wie die Baronin, das Verhältnis der individuellen Bildung zur historischen Entwicklung.

Von da aus ging er zur Schilderung von Einzelheiten über, auf die Not des Kindes mit dem Greifen und Sehen, wie es die Glieder brauchen lernt, die Epoche des Säuglings, der im Auge aufnimmt und mit dem Auge die Welt beherrscht, bis zum spielenden, schaffenden Kind — eine jede Richtung muss ausgelebt sein, bis für die nächste Ansatz gefunden wird. Satz und Gegensatz, Bewegung und Gegenbewegung wurden erläutert und gezeigt, wie sich erst auf Grund von zwei Richtungen eine neue dritte vermittelnde finden kann. Als er fertig war, sagte ich zu Pösche: „Das ist ja Fichtes Satz „Gegensatz und Vermittlung" und Pösche meinte: „Die Methode Hegels."

Fröbel, der in der Nähe war, sagte: „Es ist Beides und doch nichts von Beiden, es ist das Gesetz, das ich der Natur abgelauscht habe und den Kindern zur Entwicklung biete." — „Da haben wir den Mittelpunkt!" sagte ich zu Pösche, als wir nach Hause gingen. Des Nachmittags war wieder Spiel der Kinder, es kam meist nur Bekanntes vor, wir waren auch zu erregt, um Neues zu bemerken. Denselben Abend, gleich nach dem Spiel, hatte ich auch den Schluss des Vortrages über das Drama zu geben; er beleuchtete die nachchristliche Zeit, Spanier, Franzosen, Engländer und unsere deutsche Literatur in sehr gedrängter Entwicklung.

Nach Beendigung des Vortrages sagte mir Fröbel: „sehen Sie, Sie haben da selbst das Gesetz geliefert, das Drama dient dazu, die alte Anschauung vom Fatum aufzuheben, ‚Satz‘," fügte er scherzhaft hinzu, „da Sie Fichtes Ausdruck nehmen wollen, nun kommt der Gegensatz, die mittelalterliche Erbsünde, die an die Stelle des Fatums tritt, aber der Gegensatz bildet sich auch aus, wie Sie richtig betont haben, — in Shakespeare hat er seine Höhe, dort wird gezeigt, dass jede individuelle Versündigung ihren Ursprung in der allgemeinen Fäulnis hat. Das ist der Gegensatz — nun kommt aber der Vermittlungssatz. Wie Sie zeigten, schließt Schiller auch damit im „Tell", dass auch jeder Held sein Bestes der Nation verdankt und dass darum auch das Schicksal des Einzelnen in der Hebung des Gesamten zu suchen ist. Von der Erziehung müssen mir ausgehen und zur Erziehung kommen wir wieder zurück. Das ist das Alpha und Omega aller unserer Erkenntnis."

Da Pösche am folgenden Tage weiter reisen musste und ich ihn begleiten wollte, nahmen wir Abschied, er für längere Zeit, ich für eine halbe Woche. Fröbel sagt: „Haben Sie mich nun erkannt?" — „Ja," sagte Pösche, „aber heute erst recht. — „Finis coronat opus!" — „Ja, Ende gut, alles gut" und er schüttelte uns die Hände. Zu mir sich wendend, sagte er: „Bei uns noch nicht, — Mitte gut, alles gut!"

Wir begleiteten die Baronin noch bis nach Hause, aber unsere tiefe Erregung ließ uns an diesem Abend nicht zum Ausdruck unserer Empfindungen und Gedanken kommen. Wir sprachen mehr von Äußerlichkeiten, von beabsichtigten Reisen, ich von meiner Wiederkehr, und schieden endlich von der verehrten Frau mit nicht zurückzuhaltender Wehmut. Nach Hause gekommen rief Pösche, sich auf den Stuhl werfend: „Nun bin ich aber Schach matt, länger hätte ich diese immer-während geistige Anregung nicht ertragen, es ist zu viel auf so kurze Zeit, ich muss erst alles verarbeiten!" — „Erst heute haben wir Fröbel wahrhaft erkannt," entgegnete ich. — „Ja, so ist es," jagte Pösche, „in seinem Gesetz scheint das Prinzip zu liegen" — nun aber lass uns zu Bett gehen, um morgen frühzeitig die Reise antreten zu können.

8. Auswärts und zurück.

Das war eine herrliche Reise! Durch das Gebirg sich windend nach dem lieblichen Wilhelmstal, in dessen Gärten ich mit Pösche wanderte, dann über die „hohe Sonne" hinüber nach Eisenach. Regenguss empfing uns bei dieser Stadt, doch wurde es wieder heiter, als wir zur Bahn kamen; dort schied Pösche von mir. — „Grüße mir Deinen Bruder und den Professor Bayerhoff er!" rief ich ihm noch beim Abschied zu. — „Wirst Du sie bald besuchen," meinte er. — „Ich glaube schwerlich, mir ist, als ob die Bahn der Freunde nach einer anderen Richtung ging. Aber wir werden uns noch sehen, hoffe ich. Und das noch häufig!"

Bayerhoffer sollte ich noch im Herbst in Kassel wiederfinden, als Leiter des ständigen Ausschusses, die Revolution in Schlafrock und Pantoffeln gegen Hassenpflug und Strafbayern lenkend, Theodor Pösche habe ich bis jetzt noch nicht wieder gesehen; 1851 wanderte er nach Amerika, wohin ihm Bayerhoffer 1853 folgte, und wo Theodor Pösche jetzt eine bedeutende Stellung im Finanzdepartement des Weißen Hauses zu Washington bekleidet.

Ich sah mich dann in Eisenach bei Freunden um und fuhr noch abends nach Erfurt zu Verwandten, um am folgenden Tag den ersten wirklichen Kindergarten zu sehen.

Montag, den 19., betrat ich den Kindergarten des Fräuleins Michaelis.

Es war ein ganz eigentümlicher, mich überraschender Eindruck, der mir hier begegnete. Bis jetzt hatte ich ja Kinder nur unter der Leitung von Fröbel so spielen gesehen, da war während der ganzen Zeit Bewegung und Leben. Jetzt sah ich zum ersten Mal auch das Stillleben des Kindergartens; wohl hatte ich von diesen Beschäftigungen und ihrer Wichtigkeit gehört, wie aber dieselben getrieben würden, wie sie auf das Kindergemüt zurückwirken, die ganze Art der Haltung und Disziplin war mir noch unbekannt.

Fräulein Michaelis war eine besonnene und tüchtige Dame, bekanntlich war sie die Einzige, die den großen Reaktionssturm in Preußen überdauerte und ihr Kindergarten, der vor dem Verbot begonnen, hielt sich aufrecht, bis dieses aufgehoben wurde und ging, nachdem die Gründerin sich anfangs der 60xr Jahre zur Ruhe gesetzt, in andere Hände über, wo er noch jetzt blühen soll.

Gern möchte ich der würdigen Dame, die mich zuerst in die Geheimnisse des Kindergartens eingeführt, hier in freundlicher Weise noch gedenken, umso mehr, da ihr treues Wirken von mancher Seite nicht die verdiente Anerkennung fand; Kolleginnen machten ihr so manche Konzession, die sie den Behörden in der trüben Zeit der Verfolgung machen musste, zum Vorwurf. Als ich sie damals sah, hatte aber Fräulein Michaelis noch gar keine Veranlassung, andere Rücksichten walten zu lassen als rein pädagogische, und gerade in jener Zeit hatte ihr Kindergarten noch die vollständige Form und Einrichtung, wie sie Fröbel seinen unmittelbaren Schülern übergeben. Dieses Ideal hat Fräulein Michaelis auch im späteren Leben stets vor Augen behalten, wenngleich sie dem äußeren Zwang manche Konzessionen machen musste. Als ich später oft mit ihr darüber sprach, trat mir immer der Eindruck entgegen, dass sie immer nur dem Institut zuliebe Konzessionen machte und dass sie, als die Verhältnisse anders geworden, immer zur alten Organisation zurückstrebte, was freilich wieder Manchen bedenklich erschien und mit der Zeit bekämpft werden konnte.

Ich war etwa ¼ Stunde vor der angesetzten Zeit gekommen, um mich vorzustellen und um die Erlaubnis zu bitten, hospitieren zu dürfen. Da es einige Zeit dauerte, bis die Zöglinge eintrafen, hatte ich Gelegenheit, ihr Nachrichten von Liebenstein zu übermitteln, und Näheres über die äußeren Verhältnisse ihres Kindergartens zu erfahren; das rein pädagogische schon jetzt zu berühren, fand sich keine Zeit. — Ein recht erfreulicher Eindruck für mich war der Eintritt der Kinder. Dass jedes Einzelne bewillkommnet und nach diesem oder jenem häuslichen Erlebnis gefragt wurde, dass die Kinder ihre gehabten Eindrücke erzählten, war mir neu und überraschend. In unseren Tagen mag es auffällig erscheinen, dass ich diese jetzt so gewöhnliche Erscheinung in den Kindergärten erwähne, aber wer sich erinnert, wie sehr noch bis 1848 der steife doktrinäre Ton in den Schulen vorherrschte und selbst bei den kleinen Kindern geübt wurde, wird begreifen, dass mir schon diese eine Tatsache als eine segensreiche Wohltat erschien, welche Fröbel den Kindergärten gab. Sofort hatte ich auch die

Hoffnung, dass in ähnlicher Weise auch auf den Geist der Schulen später gewirkt werden würde.

Nun fing Fräulein Michaelis an, den Kindern ein kleines Geschichtchen zu erzählen von einem fleißigen Kindchen, das im Kindergarten gelernt habe, hübsch Blättchen zu falten, und das, als sein Vater frühzeitig gestorben und das Mütterchen krank geworden, hingegangen sei, einem Kaufmann zu helfen und dadurch im Leben allmählich fortgekommen sei. Das Geschichtchen war so einfach und natürlich; wie ich später erfuhr, lag ihm eine wahre Begebenheit zu Grunde, die Erzählerin hatte es nur ein wenig, dem kindlichen Geiste entsprechend, verändert.

Dieses frische Erfassen von Begebenheiten aus dem Leben interessierte mich ungemein, vor allem die gewandte Art, die Kinder in die Unterhaltung zu verwickeln; — da kamen Fragen, „was denkt ihr wohl, was das Kindchen getan?" — und nun hoben sich die kleinen Fingerchen. Zum ersten Mal sah ich Ordnung halten, — ein kleines raschmäuliges sonst sehr liebes Wesen wurde zurechtgewiesen und Fräulein Michaelis meinte: „Aber ihr Kindchen, wenn es alle so machen, kann man Keines verstehen!"

Auch das imponierte mir und zeigte mir sofort den ganzen Unterschied zwischen der damaligen Weise, solche Dinge zu behandeln und der Art und Weise, wie im Kindergarten die Ordnung zur Herrschaft kam. Wie oft hatte ich selbst kleinen Kindern gegenüber das Wort gehört: „Wer noch einmal spricht, ohne den Finger zu heben, dem werde ich gleich zwei Striche in das Klassenbuch geben!" — Und das war noch ein milder Lehrer, der so verfuhr.

Als wir später über diese Art mit den Kindern zu reden uns aussprachen, hob Fräulein Michaelis ebenfalls hervor, dass dieses ein großer Vorteil des Kindergartens sei. — Die Kinder lernen von selbst die notwendige Disziplin, da man, wie im Hause, einen solchen Verweis immer mit kurzen beweisenden Gründen unterstütze, und da man nicht müde wird, diese Behauptung bei jeder Gelegenheit hervorzuheben, so lebe sich das bei den Kindern als innere Notwendigkeit ein und würde nicht als bloßes Gebot beachtet, sondern als ganz natürliche Folge des Zusammenseins.

Da ich schon aus Fröbels Mitteilungen die Wichtigkeit des Spielgesetzes erkennen lernte, fand ich auch sofort das Analoge von beiden heraus und äußerte mich in diesem Sinne Fräulein Michaelis gegenüber. Diese bestätigte das, meinte jedoch, dass die ganze Form der Handhabung eigentlich nicht so sehr aus einer bewussten Analogie mit dem Spielgesetz entstanden sei, als vielmehr aus der einfachen Nachahmung des häuslichen Lebens; auch die

Mutter wird nicht müde bei Verweisen den Grund zu sagen, falls es möglich ist, und gerade dadurch befestigt sie ihre Lehren. Gerade so macht es die Kindergärtnerin. Sie stellt sich wie die Mutter in ihrem Hauswesen. „Wieder ein neuer Beweis," sagte ich, „mit welch feinem Takt Fröbel gerade für diese Aufgabe weibliche Kräfte sich aussuchte."

Leider konnte ich nicht bis zur Frühstückspause bleiben, doch sah ich noch die Verteilung der Baukästchen und ließ mir ein paar Bauspiele vormachen. Ich hatte den Wunsch gehegt, noch am Morgen, nach kurzem Besuch in der Nähe, die Bewegungsspiele zu sehen, doch war mir dies versagt, da Verwandte mich nicht fortließen und ich konnte mich nur für Nachmittag ein halbes Stündchen frei machen zu einer weiteren Besprechung. Was ich an diesem Tag versäumt, das sollte ich am folgenden Tage, 20. August, in Gotha ergänzen. Ich war absichtlich von Erfurt so früh fortgefahren, dass ich den Kindergarten der Frau Herold vor seiner Eröffnung noch treffen könnte. Doch fügte es sich ungünstig, denn der Zug verspätete sich etwas und ich hatte außerdem in Gotha noch etwas zu suchen, bis ich endlich in der Nähe der großen Kirche, weit entfernt von der Eisenbahn, den Kindergarten erreichte. Als ich hereintrat, setzten sich die Kinder eben zum Frühstück. Das war eine Lebendigkeit und Freude! Zwar waren weniger Kinder da als in Erfurt, kaum zehn bis zwölf, während dort sicher zwanzig bis dreißig der Leiterin aufmerksam folgten. Doch machte es mir am meisten Freude, bei dieser kleinen Schar die Tätigkeit der intelligenten Leiterin zu sehen. Während des Frühstücks wurde auch hier geplaudert, bald das eine Kind befragt, bald das andere, dazwischen ruhte aber das Auge der Frau Herold auf jedes einzelne und gab, wie im Haus, hier und da Winke über das Sitzen, anständige Essen usw.

Einzelnen, die ungeschickt ihre Brötchen schnitten, schnitt Frau Herold dieselben in kleine Scheiben. Lebendige Sorgfalt in allen bietet auch hier den Kleinen der Vorzug weiblicher Leitung für das Kindesalter. Nun sah ich zum ersten Male die lebendige Tätigkeit der Kinder bei den Beschäftigungen; Flechtübungen wurden vorgenommen, einige Kinder beschäftigten sich an Tafeln mit den Anfängen der Zeichenschule, andere mit Baukästchen. Schon der Umstand, dass in einem Kindergarten die verschiedenen Kinder gleichzeitig mit diesen Arbeiten beschäftigt waren, war mir höchst überraschend. Vor allem interessierte mich aber das Bauen; ich hatte schon bei Fröbel Gelegenheit, die Baukästen und ihre Einrichtung kennen zu lernen und hatte mich an den Baukästen, 5. und 6. Gabe, selbst geübt, ich bat Frau Herold, Bauübungen unter ihrer Leitung auszuführen. Dieselbe gewährte freundlich meine Bitte, ließ die Flechtarbeiten einfordern und die Baukästen verteilen. Die Präzision, mit der all das geschah, wie die Deckel ausgezogen und die Hülle von den Würfeln abgehoben wurden, war für mich überraschend. In all diesem Tun fand ich Ordnung, Besonnenheit und sinniges Eingehen auf die Kindesnatur, der man Charakter-Eigenschaften beizubringen suchte, die sonst schwer erobert werden.

Fesselnd war für mich die Mitteilung der kleinen Verschen, die sich an einzelne Bauspiele anschließen, und als Frau Herold schließlich ein Geschichtchen schnell improvisierte, worin die verschiedenen von den Kindern gemachten Bauten, Sessel, Gartenbank, Kreuz und Haus verwendet waren, war das Erstaunen bei mir über solche Schlagfertigkeit kein geringes.

Bewegungsspiele schlossen nun die Tätigkeit und die Verabschiedung war hier ganz ähnlich, wie Tags vorher der Empfang; fast jedes Kind bekam eine Bestellung mit nach Haus, oder eine Ermahnung, kurz der Zug des Familienlebens trat überall hervor. Vor dem Abschied dankte ich Frau Herold recht herzlich und sprach den Wunsch aus, mich mit ihr ein klein wenig über ihre Erfahrungen unterhalten zu dürfen. „Dazu bietet sich nachmittags paffende Gelegenheit, wenn Sie zum Onkel des Fräulein Wolfgang, zum bekannten Romanschriftsteller Storch, gehen, ich bin im Hause auch befreundet und komme auch hin." — Nach Tisch ging ich zu diesem hin, da ich noch nachmittags nach Waltershausen fahren wollte.

Auch in Erfurt hatte ich eine angesehene Persönlichkeit, den dortigen Seminardirektor Thilo, Diesterwegs Schwiegersohn, aufsuchen müssen. Ich hatte dort auf ebenso warme Sympathien für den Kindergarten gerechnet, wie sie von dessen Schwiegervater, dem großen Pädagogen, gehegt wurden, — war aber überrascht, als eine gewisse kühle Beurteilung der Erscheinung mir begegnete und dagegen Oberlins Verdienste um die ersten Bewahranstalten und ebenso Fölsings Verdienste um die Kleinkinder-schule als weit zeitgemäßer und bedeutender hingestellt wurden.

„Er ist zu viel Fantast der Fröbel", hatte Thilo gemeint. Ich war von diesem Besuch, wo ich übrigens ganz freundlich ausgenommen wurde, ziemlich wie mit Wasser begossen zurückgekehrt. Bei meinem Eintritt bei Storch kam gleich hierauf die Rede. „sie sind mir schon angemeldet vor zwei Tagen, durch einen Brief meiner Nichte," meinte Storch, „und heute Morgen durch einige Worte der Frau Herold, die auch bald kommen wird; übrigens schrieb mir meine Nichte, dass Fröbel Ihnen nicht bloß an mich, sondern auch horribile dictu — an einen preußischen Seminardirektor Empfehlung gegeben habe." —

„Nun," sagte ich, „Grund, es zu bereuen, habe ich nicht, ich bin freundlich aufgenommen worden." „Nun, Thilo ist ein ganz respektabler Mann," meinte

Storch, „aber, wessen Brot ich esse, besten Lied ich singe', ist ein alter Spruch, und wir haben in Preußen jetzt bekanntlich ein Ministerium Manteuffel." „sollte bis in diese Regionen eine solche Anschauung wirken?" „Nun", antwortete mir Storch, „haben Sie etwa bei Thilo eine großartige Anerkennung Fröbelscher Leistungen gefunden?" — „Nun, das eben nicht," meinte ich, „aber das kann ja persönliche Meinung sein, es gibt ja viele tüchtige Pädagogen, die noch jetzt für Fröbel nicht gewonnen sind, nehmen Sie z. B. Gräfe in Kassel" (der spätere Seminardirektor in Bremen). — „Ja, mit dem ist es etwas anderes, das lässt es sich aus dem System rechtfertigen, aber das sage ich Ihnen, wenn noch, wie vor 1840, Altenstein Minister wäre, dann würde wahrscheinlich ein preußischer Seminardirektor anders über Fröbel gesprochen haben." — „Glauben Sie wirklich, dass man in den oberen Regionen die Kindergärten mit Misstrauen betrachtet?" —

„Ob ich es glaube! Ich weiß es, noch fühlen sich die Herren nicht sicher, noch haben sie ihr System nicht festgestellt, auf den König von Preußen wirken noch Kräfte wie Radowitz, er hat ja die dreifarbige Fahne durch Berlin getragen und möchte gern ein preußisch - deutsches Kaisertum gründen, aber es darf ihm nichts kosten, keinen Krieg, keine Anstrengung, aber denken Sie an mich, es gären jetzt Elemente, die, nachdem Ungarn gefallen ist, mit Russland und Österreich Hand in Hand gehen möchten, und ich will nicht dafür einstehen, dass, ehe ein halbes Jahr vergeht, wieder der Rumpf eines Bundestages in Frankfurt tagt, ob mit, oder ohne Preußen, wer kann das entscheiden, aber wenn Österreich und Russland Ernst machen, wird man in Preußen auf keinen großen Widerstand stoßen." — „sie sehen sehr schwarz in die Zukunft, es sind doch viele Elemente in der Zeit, die eine günstigere Wendung vorbereiten." — „Wer will über die Zukunft entscheiden," meinte Storch, „aber leider hat mich das Schwarzsehen weiter geführt, wie Andere das Hellsehen; es liegt etwas über Europa, das nach dumpfer Reaktion schmeckt und die Hauptpersönlichkeiten haben weder Lust noch Kraft, entgegenzutreten, — doch warten wir ab. Nur das will ich Ihnen noch sagen, siegt die Reaktion in Deutschland, so wird ihr erster Gedanke sein, sich der Schule zu bemächtigen und dann wird man, wenigstens in Preußen, auch die Kindergärten mit unter die zu bekämpfenden Zeitrichtungen setzen. Ob die andern Staaten Deutschlands folgen werden, ist eine andere Frage, bis jetzt haben die mittleren und kleineren Staaten in inneren Bildungsfragen sich immer gegen die preußische Uniformität gewehrt, doch ich will kein Prophet sein!"

Als ein Jahr später die Kindergärten in Preußen verboten wurden, musste ich oft an dieses Gespräch mit Storch denken. Mittlerweile war Frau Herold gekommen und ich empfing sie mit den Worten: „Herr Storch hier, geehrte Frau, stellt den Kindergärten eine traurige Zukunft, sie würden verboten werden." „Ich weiß es," meinte die Dame, „aber ich hoffe, dass, wenn es die ganze Welt verbietet, wird man hier in Gotha festbleiben; unser Herzog ist ein Mann, der streng nach konstitutionellem Recht vorgeht und die Freiheit seines Volkes liebt, die Schulbehörden sind, wenn auch nicht fördernd, doch dem Unternehmen wohlwollend und soll der Kindergarten anderwärts verboten werden, so wird er doch von Thüringen aus wieder aufs Neue entstehen. — Vielleicht werde ich nicht mehr daran teilnehmen," meinte sie, „denn ich werde älter und muss eine ruhigere Wirksamkeit suchen, aber ich erziehe mir schon eine kleine tüchtige Nachfolgerin heran. Sie haben dieselbe heute gesehen, es ist die Tochter des Schulwarts, die mir zur Hand geht."

— In späteren Jahren, als ich Fräulein Busch so tätig sah, habe ich oft an diese Worte gedacht. — „so wird also aus Ihrer Asche ein neuer Phönix erstehen und mit Adlerflug über Gotha walten?" meinte Storch. Wir wendeten uns nunmehr dem eigentlichen Kindergartens Thema zu; Frau Herold teilte mir noch Einiges auf Wunsch mit über die Verbindung vom Spiel mit den Beschäftigungen, wie dies eben ins Leben der Kindergärten eingreife, was man aber nie missbrauchen dürfe, da es notwendig sei, dass in den Stunden der Beschäftigung die geistige Anstrengung mehr zurücktrete und die Aufmerksamkeit auf die Arbeit selbst gelenkt würde — doch sei es ein bedeutungsvolles Anregungsmittel, das großen Nutzen bringe, wenn es rechtzeitig angewendet würde. — Sie hätte die Vorsicht, solche Übungen während der Beschäftigung nur dann anzuwenden, wenn die Kinder ganz besonders rege wären und die vorangegangene Erzählung oder Beschäftigung sie nicht zu sehr ermüdet hätte.

Mittlerweile war Frau Storch, die für uns einen bürgerlichen Kaffee bereitet hatte, eingetreten und nahm nun ebenfalls an der Unterhaltung Teil; sie teilte mir den Plan mit, dass sie und ihre Nichte nach Nordhausen berufen wären und nach dem Neujahr dort einen Kindergarten eröffnen würden. Sie hielt es für vorteilhaft, dass sie als ältere Frau ihre Nichte anfänglich unterstütze, das erzählende und ausführende Element werde, während Fräulein Wolfgang die Beschäftigungen zu leiten habe. Ich teilte ihr mit, dass ich mit dem dortigen sehr angesehenen Pädagogen, Eduard Balzer, sehr befreundet sei und ihr gern beiderseitige Bekanntschaft vermitteln würde. Ich erfuhr dann aus ihrem Munde, dass Balz er sie berufen habe. „Nun dann auf Wiedersehen in Nordhausen," sagte ich scherzhaft, „wenn mich die preußische Regierung hineinlässt."

Damals ahnte ich nicht, dass ich am 21. Januar 1851 trotz des Verbotes in Nordhausen heimlich zu Besuch sein würde und gerade am Tage meiner Abreise den Kindergarten mit einer Rede eröffnen würde. Als es in der Tat dann so geschehen, erfreuten wir uns in späteren Gesprächen über das Schnippchen, das man der Behörde geschlagen, da ich unter fremden Namen dort lebte und als solcher ohne Anstand den Kindergarten eröffnen durfte.

Es wurde nun viel über Einzelheiten, Äußerlichkeiten des Kindergartens gesprochen, über die notwendigen Einrichtungen bei den Bänken und Tischen und ich hatte wieder die freudige Gelegenheit zu beobachten, wie sehr selbst in diesen kleinen Dingen die Damen unterrichtet waren.

Nun ging es wieder zurück nach Liebenstein. Ich hatte mir vorgenommen, auf dem Wege auch das berühmte Erziehungs-Institut in Schnepfental zu besuchen, doch war ich von den erlebten Eindrücken so erfüllt, dass ich mich nicht entschließen konnte, einen oder den andern der dortigen Lehrer aufzusuchen, sondern ich begnügte mich, mir vom Schulwart die Räumlichkeiten und Einrichtungen zeigen zu lassen und die Bilder der Kinder zu bewundern, die in ihren roten Jäckchen, der berühmten Schnepfentaler Montur, im großen Saale zu sehen waren. Das Bild von R. Ritter, dem großen Geographen, dessen Vorlesungen auch mich fesselten, zog mich besonders an, man konnte an dem intelligenten Kinderkopf sehen, dass der Mann einst etwas leisten würde. Als ich Fröbel erzählte, dass ich Schnepfental nur so flüchtig berührt, tadelte er mich: „Da wäre doch gewaltig viel zu sehen gewesen, das hätten Sie nicht versäumen sollen." 1852 folgte ich dann seinem Rat und lernte den Direktor Ausfeld und vor allem den Zoologen Lenz kennen.

Nun ging es über Reinhardsbrunn, Inselsberg nach Tabarz, wo ich Nachtlager hielt und den folgenden Tag über Geröll und Gestein nach Liebenstein.

Denselben Tag ging ich nicht zu Fröbel, die Eindrücke waren zu mächtig, ich bedurfte der Ruhe. Aber den folgenden Tag besuchte ich ihn und von nun an regelmäßig die ganze folgende Zeit mit Ausnahme der Tage, wo ich die Morgenstunden, wie ich später erzählen will, zu schriftstellerischen Arbeiten verwenden musste. Als ich Donnerstag, den 22., zu Fröbel kam, sagte er mir: „Wir werden gleich einen interessanten Besuch bekommen, Doktor Kühne, der Redakteur der „Europa", ist mit seiner Frau hier, dieselben haben schon gestern das Spiel angesehen und waren auch vorher schon hier, heute Nachmittag kommt er nochmals und wird sich dann wahrscheinlich verabschieden."

Bei dem nun folgenden Besuch hatte ich Gelegenheit, einen merkwürdigen Blick in Fröbels Wesen zu tun. Er entwickelte eine der Beschäftigungen, wenn ich nicht irre „Lege Täfelchen", für die sich Kühne, wie es schien, sehr interessierte. Bei einer Auseinandersetzung des Einflusses der einzelnen Spiele mit demselben kam er auf mathematische Beziehungen zu reden, in die er sich so tief versenkte, dass er zu Mitteilungen über die Bewertung der Anschauungen aus den Lehren vom Kegelschnitt zu sprechen kam. Mir persönlich war das höchst interessant, sehr bald bemerkte ich jedoch, dass sowohl Kühne als seine Frau, die der Gegenstand weniger zu interessieren schien, wenig Interesse daran nahmen und die Baronin von Marenholtz-Bülow, welche dies ebenfalls bemerkte, war in der peinlichsten Verlegenheit. Sie wagte es nicht, Fröbel zu unterbrechen, weil ihn dies beirrte und für längere Zeit füll machte. Da bot sich mir eine passende Gelegenheit, an einem Punkte über die Parabel Fröbel zu fragen, welcher Ansicht denn Fröbel über die Vorteile des Werfens, z. B. beim Ballspiel, sei? Und nun hatte ich ihn auf richtige Bahnen gelenkt, er ließ das bisherige Gespräch fallen und kam auf die Ballspiele zu reden, wobei er Gelegenheit hatte, sehr förderlich auf die Ansichten der Zuhörer zu wirken.

Kühne schien ebenfalls von den Mitteilungen vollständig gefesselt, und bekanntlich hat dann dieser Schriftsteller im folgenden Winter in der Zeitschrift „Europa" eine vorzügliche Schilderung Fröbels gegeben, die dann später auch in die „Charakterschilderungen" übergegangen ist.

Als mich die Baronin am folgenden Tag sah, sprach sie sich sehr dankbar gegen mich aus: „sie haben gestern durch einen geschickten Coup uns einen großen Dienst erwiesen, aber so ist Fröbel, sein Geist ist eigentümlich geartet, hat er einmal einen Weg eingeschlagen, wird eine Gedankenkette in ihm lebendig, ist es schwer, ihn zu unterbrechen; will man plötzlich abbrechen, so ist er zunächst ganz unfähig, sich in ein neues Gespräch hineinzuleben, der alte Gedanke lässt ihn nicht los, er wird still und in sich gekehrt. Gelingt es aber, ihn geschickt auf andere Bahnen zu lenken, dann quillt sein Geist ebenso frisch und neu, wie vorher."

Nun verlebte ich von da ab noch drei Wochen im Fröbelschen Kreise, eine Zeit voll hoher Anregungen für mich. Von nun an traten die Einzelheiten nicht mehr in so scharfen Umrissen hervor, wie in der ersten Zeit, weil ich eben schon eingeweihter in diese Erscheinungen war und darum weniger große Gesamteindrücke empfing, als meine Kenntnisse im Einzelnen bereicherte. Da ich mir Vorbehalte, vieles von diesen später im Zusammenhang dem Leser vorzuführen, so kann ich mich auf eine summarische Behandlung von dem, was ich noch Interessantes an Vorträgen und Spielen erlebte, hier beschränken.

Sehr lebhaft interessierte mich ein Vortrag, der das Verhältnis vom Ausnähen zum Ausstechen mit behandelte und den Mädchen klar legte, wie eben die Erzeugung der Linie aus vielen Punkten sich hier deutlich ergebe. Die Verhältnisse von geraden und krummen Linien wusste Fröbel bei dieser Gelegenheit sehr anschaulich zu machen und manche Seitenblicke in Partien, die nur eben auf dem Boden der Koordinaten-Lehre sonst verständlich sind, wurden ziemlich anschaulich mitgeteilt. Die Besprechung eines nicht gut gelungenen Rückenteiles eines Lämmchens, von einer der Kindergärtnerinnen ausgeführt, regte eine Reihe interessanter Punkte an. — Ein Vortrag, in dem Fröbel auf seine Theorie der Anschaulichkeit bei der Sprachbildung zurückkam und wo er manches mitteilte, was ich schon aus der „Menschenerziehung" kannte, führte zu lebhaften Auseinandersetzungen zwischen ihm und mir. Seine oft kühn gewagten Hypothesen in der Etymologie, z. B. Geist aus ge-Ist, suchte ich zu widerlegen, ausgerüstet mit einigem Material, das ich dem Umgange mit meinem Bruder, dem bekannten Etymologen Theodor Benfey, verdankte. Fröbel suchte seine Ansichten lebhaft zu verteidigen, doch beschick er sich darin, dass er in diesen Dingen kein Fachmann sei und es andern überlassen wolle, meinte aber, es sei nützlich, den Kindern einige Worte möglichst im Anschluss an die betreffende Anschauung zu lehren.

Sehr lebhaft wurde auch damals von uns die Frage über die Musikbildung der Kinder besprochen. Bekanntlich wollte Fröbel in einer eigentümlichen Scheu vor Missbrauch mit seinen Entdeckungen, die ihm wohl von anderen allmählich beigebracht wurde, nicht zugeben, dass die Kindergärtnerinnen die erlernten Lieder auf Noten aufnehmen und sich so einprägten. Mir leuchtete damals schon ein, welcher Wirrwarr in den einzelnen Kindergärten aus diesen, bloß durch Tradition sich fortpflanzenden Melodien entstehen würde. Über diesen Punkt sprach ich ebenfalls viel mit Fröbel, der nicht zugeben wollte, dass auch beim Gesang wie beim Zeichnen von früh an nach festen inneren Regeln vorgegangen werden müsse. Er fürchtete, das volkstümliche des Gesanges würde durch Einübung nach Noten Schaden leiden. Letzteres bestritt ich wenigstens für die Kindergärtnerinnen, die ja schon in dem Alter wären, wo man den Gesang auf diese Weise erlernen muss; dass für die Kinder das Einüben nach dem Gehör besser sei, gab ich gern zu. Doch über diese Dinge habe ich schon an anderen Orten früher berichtet und nach Fröbels Tod kam man ja allgemein von dieser Maxime ab. Seitdem sind ja mannigfache Werke mit Noten über die Spiellieder erschienen und ist außerdem die Wisenedersche Methode, diese Weiterentwicklung Fröbelscher Ideen nach musikalischer Seite, jetzt schon vielfach durchgedrungen.

Übrigens waren auch damals schon sämtliche Lieder von Fräulein Schubert in den Nachtstunden am Klavier ausgenommen und in Noten niedergeschrieben, und diese heimlichen Noten existierten, ähnlich wie auf den Gymnasien die gedruckten Übersetzungen, in den Händen der Mädchen.

Fräulein Levin schien es zu wissen und zu dulden, doch hätte man es Fröbel um keinen Preis sagen dürfen, der hätte es wahrscheinlich sehr übel genommen.

Auch ein Vortrag über die Anfänge des Schreib- und Leseunterrichtes, der bald darauf in der Wochenschrift erschien, war mir interessant, als ich denselben damals von ihm selbst im mündlichen Vortrag hörte.

Von den Spielen fesselte mich in dieser Zeit vor allen das Spiel vom „blinden Mann", bekanntlich eine Abänderung des volkstümlichen Blindekuhspiels, das aber nun von Fröbel in der mannigfaltigsten Weise benutzt wurde. Meistens mussten die Personen freilich am Getast erkannt werden, oft auch am Hören eines Tones und so fand manche Veränderung statt. Auch dies beleuchtete Fröbel später auf meinen Wunsch in einem interessanten Vortrag, wo er das Ersetzen des einen Sinnes durch den andern sehr lehrreich darlegte. Auf Grund dessen ließ er später die Kinder mit verbundenen Augen nach dem Geruch die Blumen raten, wobei die scherzhaftesten Verwechslungen vorkamen. So sehr jeder glaubte, den Geruch einer Blume genau zu erkennen, so zeigte es sich doch, dass die meisten Menschen immer noch der Mithilfe der Augen bedürfen, um die Aufgabe richtig zu lösen. Naheliegende Blumen wurden oft verwechselt, Nelken- von Levkojengeruch konnten die meisten nicht unterscheiden.

Aber selbst fernliegende Blumen wurden für ähnlich gehalten. Selbst den Geruch der Rose von dem der Nelke wusste ein Knabe nicht zu unterscheiden; da sein Vorgänger Nelke geraten, riet er auch bei der Rose auf dasselbe.

Alle diese Spiele machten sowohl den Kindern als den Zuschauern große Freude und bestätigten die von Fröbel so lebhaft verfochtene Ansicht, dass Sinnesübungen nach allen Seiten hin in der frühen Jugend vorzunehmen seien, dass dem Menschen unter allen Umständen gestattet sei, von diesen wichtigen Erkennungsmitteln Gebrauch zu machen. Auch das „Gewitterspiel" sollte ich erst in dieser Zeit kennen lernen; als es 1852 von Gutzkow angegriffen wurde, erzählte ich in Dresden von der freudigen Wirkung, die es bei den Kindern wachgerufen hatte, hier und in Gotha bei der Lehrerversammlung. Manch interessantes Ball- und Marschierspiel wurde noch gezeigt, kurz das mannigfaltigste Leben fand nach allen Seiten statt. Und als Fröbel einen Vortrag, der über den Zusammenhang der verschiedenen Eigenschaften und Fähigkeiten der Kinder handelte, mit dem Gedanken schloss: „Die Gesamtharmonie der körperlichen und geistigen Fähigkeiten müssen wir anstreben, das All-Eins muss ebenso im Kleinsten wie im Größten wieder erscheinen," — da sahen sich alle Kindergärtnerinnen verständnisinnig an und Hermine Diesterweg sagte, halb trotzig, halb betrübt zu ihrer Nachbarin: „Ja, er wohl kann das leisten, wie sollen wir schwachen Mädchen das vollbringen?" — Fröbel, der mit seinem scharfen Gehör das vernommen, drehte sich um und sagte: „Durch liebevolle Hingabe und Fleiß!" — Und ein dabeistehender Lehrer setzte hinzu: „Mit Geduld und Spucke fängt man eine Mucke!"

9. Der Fremdenbesuch in Mariental und meine Abreise.

Allmählich nun hatte ich mich in Liebenstein so ziemlich eingelebt, dass oft sogar die Frage entstand, ob es nicht möglich wäre, dass ich dauernd im Zusammenhang bleiben könnte mit dem mir so lieben Kreis. Fröbel, der ja stets in seinen Plänen so sanguinisch war, wie es sonst nur die Menschen in früher Jugend sind, glaubte auch, dass die Schwierigkeiten, die sich dagegen erheben würden, sich leicht beseitigen ließen. Vor allem sollte ich durch schriftstellerische Arbeiten, wie er meinte, von dort aus wirken.

Es wurde auch ein Anfang nach dieser Richtung hin gemacht; auf seinen Wunsch arbeitete ich die Aufsätze zur 3. und 4. Gabe, die in besonderen Heften erschienen waren, um, behufs einer etwaigen 2. Auflage. Der Buchhändler Renner, der damals schon mit Plänen zum Ankauf einer Buchhandlung in Meiningen beschäftigt, war vielfach auswärts und räumte mir seine Arbeitsstube ein, doch hatte er persönlich wenig Hoffnung für eine 2. Auflage und nachdem ich die beiden ersten Hefte durchgearbeitet, verlor selbst Fröbel die Hoffnung und der Plan wurde aufgegeben.

Dagegen war Fröbel lebhaft für den Gedanken eingenommen, dass ich als Propagandist für seine Ideen weiter wirken sollte. In der Tat ging ich nach meiner damaligen Abreise nach Kassel und Nordhausen, um für Fröbels Idee zu wirken, freilich traten sehr bald Hindernisse ein, auf die ich später zu reden komme und die dazu führten, dass die damals gehegte Absicht einer Übersiedelung nach Hamburg unterbleiben musste. Auf meine Anwesenheit in Göttingen rechnete Fröbel viel, ein dortiger Institutsvorsteher, Kantor D., hatte die Absicht, einen Kindergarten dort zu begründen.

Da es meine Heimatstadt war, durchsprach Fröbel oft den Plan mit mir, die musikkundige Schuberth, die sich dabei auch durch Klavier- und Gesangunterricht den Familien angenehm gemacht hätte, wurde von uns beiden als diejenige bezeichnet, welche für Göttingen am passendsten sei — und noch immer bin ich überzeugt, dass es dort ganz anders gekommen wäre, wenn diese höchst begabte Dame die Stellung angenommen hätte. Leider konnte diese Maßregel nicht durchgeführt werden und das dann hingesendete Fräulein Zürn war nicht geeignet, gegen die Schwierigkeiten der dortigen Verhältnisse anzukämpfen. Ich hatte Fröbel nicht verhehlt, dass Kantor D. dort nicht die Anerkennung besäße, um allein auf sein Renommee hin eine neue Idee einführen zu können, dass also die Kindergärtnerin so begabt sein müsse, um selbständig Propaganda zu machen. — Seine Befürchtungen trafen leider ein, und bis jetzt in die neueste Zeit ist Göttingen, trotz der Fleißes und der Begabung der jetzigen Kindergärtnerin Fräulein Levin, einer Verwandten von Fröbels Frau, noch immer der Fröbelsache gegenüber ziemlich kalt geblieben.

(So noch 1875. Bei meinem Besuche jetzt habe ich mit Freuden gesehen, dass sowohl der Kindergarten als die daran sich anschließende Schule des Fräulein Levin sehr blühend geworden und die Teilnahme des Publikums für Fröbels Ideen sehr gewachsen ist.)

Fröbel verhehlte sich übrigens auch nicht die Schwierigkeiten, die der Propaganda seiner Idee entgegenständen, er war aber trotzdem hohen Mutes und schaute ungebeugt in die Ferne. Wo ihm ein anerkennendes Wort oder irgendein Wunsch entgegenkam, war er freudig bewegt und voll Hoffnung. So sagte er mir die anerkennenden Worte Berthold Auerbachs und die, welche der Historiker Hagen über ihn ausgesprochen, vor. Als ich ihm mitteilte, dass ich beide Herren 1846 in Leipzig gesprochen und deren günstiges Urteil über ihn persönlich vernommen, war er ganz glücklich. Er hatte Hagens Aufsatz besonders drucken lassen und pflegte ihn oft den Fremden zu überreichen. Überhaupt war er gern bereit, kleine Schriftchen auf eigene Kosten drucken zu lassen und sie den Besuchern als Andenken zu geben. Er überlegte gar nicht, wie teuer eine solche Art der Propaganda ist. In diesem Punkte wirkten nun freilich Renner und Fräulein Levin zurückhaltend auf ihn, was er schließlich anerkannte, wenn er auch anfangs schmollte, dass man ihm, wie er meinte, eine Freude verderben wollte.

Der Fremdenverkehr mehrte sich auch in diesen Tagen bedeutend. Nachdem Kühne abgereist, kam bald darauf eine höchst geistvolle Dame, Frau Ottilie Schmieder, mit ihrer Tochter, die beide sich bei Fröbel noch weiter instruieren wollten, um einen Kindergarten zu gründen. Fräulein Schmieder hatte den Kursus der geistvollen Frau Herz in Dresden gründlich absolviert und wollte jetzt, ebenso wie ihre Mutter, aus dem Munde des Meisters selbst noch Wichtiges erfahren. Fröbel schien von den Kenntnissen und Bestrebungen dieser beiden Damen auf das vollständigste befriedigt, er schätzte dieselben, wie ihre Lehrerin, sehr hoch und lobte besonders, dass erstere nicht bei der Frankenberg, sondern bei der Herz den Kursus durchgemacht hätte.

Von den Leistungen der Herz erwartete er unendlich viel, er glaubte, diese würde in Dresden eine ganz neue Ära beginnen. Als ich später in Dresden diese Dame kennen lernte, begriff ich vollständig, dass Fr übel diese Energie und hinreißende Kraft schon damals so fesselte. Wie schmerzlich musste es ihm gewesen sein, als nach dem preußischen Verbot der Kindergärten im Jahre 1851 die sächsische Regierung, die sonst so milde gegen die Kindergärten auftrat, gerade diese Anstalt schloss, weil der Mann der Frau Herz damals politischer Gefangener in Hubertsburg war! Auch später oft, als ich die wunderbare Laufbahn dieser Frau sah, die später in Altenburg als weiblicher Arzt lebte, — die erste Dame, welche in Deutschland die medizinischen Studien vollendet und das Recht zu praktizieren hatte, — musste ich oft an Fröbel denken. Was würde er gesagt haben, als sie dem Erziehungsgedanken untreu wurde und einen andern Lebensberuf wählte? „Auch du, Brutus?" würde er vielleicht gefragt haben.

Neben diesem Fremdenbesuch, der nun immer bedeutender wurde, zogen auch zwei Lehrer aus der Umgegend, die häufig dorthin kamen, meine Aufmerksamkeit auf sich.

Den Lehrer Mäurer aus Salzungen sollte ich näher kennen lernen und später sogar in Dresden mit ihm gemeinsam am Marquardschen Institut wirken. Er war ein begeisterter Volksschullehrer und hielt seine Klaffe in sehr guter Ordnung. Schon beim Spielfest am Altenstein war er mir durch seine Regsamkeit und Gewandtheit aufgefallen. In den letzten Wochen des August, wo seine Schule Ernteferien hatte, war er fast täglich bei Fröbel, manchmal die zwei Stunden des Morgens hinwandernd und des Abends noch zurückkehrend, manchmal blieb er auch 3 — 4 Tage da, im Gasthaus seine Wohnung nehmend. Schon damals beschäftigte ich mich lebhaft mit Mäurer, der von lebendigem Wissensdrang belebt war und trotz mancher mangelnden Vorkenntnisse für höhere Wissenschaften doch lebhaft nach diesen strebte.

Ich begleitete ihn mit Renner eines Nachmittags nach seiner Heimat Salzungen und fand ihn als Mitglied einer ganz wackeren Ackerbaufamilie. Es erklärte sich dadurch seine Mühe, in wissenschaftlichen Dingen vorwärts zu kommen, dem aber durch sein lebhaftes Streben und seinen unermüdlichen Fleiß ein Gegen-gewicht gebildet wurde. Fröbel legte großen Wert auf Mäurer; „lasst ihm nur Zeit," meinte er, „der arbeitet sich durch, es ist die zähe Landmannsnatur, die mit der Scholle ringt. Aufgewachsen in der engeren Sphäre der Umgebung ist sein Herz noch beengt, aber er strebt nach Erweiterung, reist gern, benützt seine

Feriengelder, um die Welt anzusehen, aber er strebt auch überall nach dem Kernpunkt der Dinge. Der wird sich schon an anderen Orten Bahn brechen, der bleibt nicht in Salzungen." Wie richtig hatte Fröbel vorausgesagt. Nach Fröbels Tod ließ es Mäurer in der Heimat keine Ruhe mehr; er ging nach Dresden, von wo er, wie ich später erfuhr, nach einer größeren sächsischen Stadt als Bürgerschullehrer versetzt wurde.

Ein anderer Lehrer, Motschmann in Steinbach, kam zwar seltener, aber Fröbel schickte uns und die Kindergärtnerinnen oft hinaus nach dessen Schule. Er war ein gewandter Lehrer, der eine große Kinderschar sehr geschickt zu lenken wusste. Fröbel sagte oft zu den Kindergärtnerinnen: „Zu Motschmann müsst Ihr gehen, der kann Euch zeigen, wie man, mit einem Kinde beschäftigt, alle interessiert und wie man alle belebt, während man bald dieses, bald jenes vornimmt."

Auch ich lernte in Liebenstein viel Fremde kennen und führte sie zu Fröbel hin. Der Schwiegervater Berthold Auerbachs, Kommerzienrat Schreiber aus Breslau, kam auch dahin und ich lernte ihn nun kennen. Als ich unter anderem auch von Fröbel erzählte, erinnerte er sich, dass sein Schwiegersohn ihm schon früher davon erzählt hätte. Ich beredete ihn, Fröbel aufzusuchen, was er sehr gern tat. Fröbel war ganz glücklich, aus Schreibers Mund die Mitteilung zu vernehmen, wie sich Berthold Auerbach damals über ihn günstig äußerte, aber auch Schreiber, der am Sonnabend nach Liebenstein pilgerte und das Spiel der Kinder ansah, war sehr zufriedengestellt und bedauerte es, nicht länger in Liebenstein zu bleiben.

Auch Wiedenbrugk, der damals das Liebensteiner Bad benutzte, war früher manchmal bei Fröbel gewesen, doch traf ich ihn dort nicht, sondern als ich auf Veranlassung der Baronin den Badegästen Mitteilungen über die Entwicklung des Dramas machte, lernte ich ihn flüchtig kennen und unterhielt mich mit ihm auch über die Bedeutung Fröbels. Auch er schien erwärmt für dessen Idee, meinte aber, es sei von den öffentlichen Behörden nichts zu tun, so lange nicht die Lehrerwelt und Familie von dieser Idee ergriffen wären. Ein sehr beherzigenswertes Wort sprach er damals aus: „In den Reihen der Opposition denkt man sich immer, ein Minister dürfe nur diese oder jene Maßregel gesetzlich proklamieren und dann wäre auch ihre Ausführung gesichert.

Kommt man aber in die Sphären, von wo aus ein solcher Anstoß ausgehen muss, so sieht man, wie schwer es ist, mit den bestehenden Organen etwas Neues einzuführen und wie vielfach die Vorbereitung der Propaganda und Belehrung vorangehen muss, ehe sich ein genügendes Material von brauchbaren Männern findet, um den neuen Gedanken zur Geltung kommen zu lassen. Man hat immer nur die Wahl zwischen begeisterten Anhängern, die aber zu stürmisch Vorgehen und gar nicht bedenken, dass das Neue eingereiht werden muss — und älteren erfahrenen Männern, die aber widerwillig sich mit Neuem vertraut machen und ungern aus dem gewohnten Kreis heraustreten.

Um einen neuen Gedanken durchzuführen, wenigstens vom Staate aus, muss man unbedingt über einzelne Kenner des Neuen, die aber doch im Alten bisher gearbeitet haben, verfügen können. Bis dahin muss die Initiative von Privaten ausgehen, die sich leichter bewegen können und begangene Fehler bei der Gründung leichter verbessern können als öffentliche Anstalten, auf die von allen Seiten geschaut wird." — „Darum," so schloss er, „ist es gut, dass die Fröbelsache in der Hand der Einzelnen bleibt. Wird sie erst reif und anerkannt, so werden die staatlichen Organe von selbst dazu greifen und werden dann auch die geeigneten Kräfte finden."

Wie oft habe ich später an diesen Satz des kundigen Mannes denken müssen, wenn ich sah, wie selbst jetzt, 30 Jahre nach dem Entstehen dieses Gedankens, dennoch immer Schwierigkeiten obwalten, die geeigneten Kräfte zur Durchführung dieser Idee zu finden, und wie auch jetzt noch, selbst in Staaten, wo das Prinzip proklamiert ist, wie z. B. in Österreich, die praktische Durchführung noch immer auf die Mithilfe der Privaten rechnen muss.

Als ich dieses Gespräch Fröbel mitteilte in Gegenwart der grau Schmied er, schien er nicht so erbaut davon, wie ich selbst: „Ja," meinte er, „Mut müssten die Leute haben; es würden sich schon die Kräfte finden, aber man will ja das Geld lieber für andere Dinge ausgeben. Was könnte man an Zuchthäusern und ähnlichen Unglücksstätten ersparen, wenn die Erziehung in der frühen Jugend richtig anfinge. Dass meine Idee der Mittelpunkt aller zukünftigen Reformen ist, das wollen sie schwer einsehen." — Frau Schmied er, die sich auf Wiedenbrugks Seite stellte, meinte: „Ja, über die Bedeutung der einen oder anderen Idee lässt sich schwer streiten, jeder wird die Richtung, die er vertritt, für wichtig halten; bei jedem bedeutungsvoll vertretenen Gedankenkreis gibt es wieder Seiten, die von dem einen mehr betont, von anderen wieder zurückgesetzt werden. So wird in unserem Kreise, trotzdem, dass wir nur unser Drei sind, vielleicht jeder eine andere Seite von Fröbels großem Verdienst als die bedeutendste halten. Nicht wahr," und sie wandte sich zu mir, „sie schätzen von Fröbel am bedeutendsten, dass er die Menschen gewöhne, ihre Glieder und Sinne gebrauchen zu können und sie verhindere so ungeschickt zu werden, wie es bei Ihnen gewesen, wie sie selbst sagten." —

Ich nickte lächelnd, obgleich ich nicht mehr ganz den ersten Standpunkt teilte, mit dem ich zu Fröbel kam, und sagte: „Nun, teilweise muss ich ja das zugeben." „Ich," sagte Frau Schmieder, „halte am größten an Fröbel, dass er uns Frauen gezeigt hat, wo wir anzusetzen haben, um unsere Bedeutung für das Kulturleben geltend zu machen — und Sie, Fröbel, selbst werden wahrscheinlich die Entdeckung des Gesetzes für Ihre bedeutendste Tat erklären." — „Ja," sagte Fröbel, „dass ich gefunden, dass das Entwicklungsgesetz der Menschheit dem Entwicklungsgesetz der Natur entspricht, das halte ich in der Tat für meine wichtigste Arbeit.

Und was beweist das alles?" „Nun," meinte Frau Schmieder, „dass ebenso wie wir, die wir ja in einer großen Idee zusammenstimmen und doch in der Wertschätzung ihrer einzelnen Seiten abweichen, auch jeder im großen Verkehr der Welt diejenige Richtung, die er vorherrschend handhabt, für die bedeutendste halten wird. Wir Menschen sind einmal dem Schicksal unterworfen, immer und immer vom Idealen abzuweichen."

Unwillkürlich musste ich mit den Worten einfallen: „An dem Höchsten, was der Geist errungen, klebt fremder, fremder Stoff sich an."…. Frau Schmieder nickte und meinte: „Und wäre er auch von Asbest, er ist nicht reinlich, wenn hohe Geisteskraft die Elemente an sich gerafft!"

„Ja," fiel Fröbel ein, „da theoretisiert Ihr und schweift in Dichtungen, vergeht aber das Naheliegende; in der Erziehung wird diese Harmonie erreicht, die mein verstorbener Freund Krause immer anstrebte." — „Und doch wollte er einen selbständigen Schulstaat," meinte Frau Schmieder, „also auch er musste Fichte kopieren." Da musste ich nun wieder das Wort ergreifen: „Ja, das Scheiden und Trennen wird im Leben unvermeidlich sein, aber wo es darauf ankommt, ist das liebevolle Gestalten entscheidend und darum wollen wir bei Goethe bleiben: „Kein Engel trennte geeinte Zwienaturen, die ewige Liebe nur vermag zu scheiden."

Fröbel schüttelte mir die Hand und auch Frau Schmieder reichte mir die ihrige.

Eines anderen Tages sprachen wir einmal von der Verwendung der körperlichen Strafen in der Schule. Frau Schmieder war sehr lebhaft dagegen, obgleich sie nicht bestritt, dass unter den verwickelten Verhältnissen des Lebens Fälle genug Vorkommen, die den Erzieher in die höchste Verlegenheit setzen und wo oft der Gedanke nahe liegt, mit einer Züchtigung schneller zum Ziele zu kommen. Auch ich, der ich damals ein heftiger Gegner aller körperlichen Strafen in Schule und Familie war (für erstere bin ich es noch, während ich für letztere Ausnahmen zulasse), schloss mich Frau Schmieder lebhaft an. Fröbel meinte: „Kräftige Kinder wollen die Gewalt und Macht der Großen manchmal? fühlen, die Kinder sehen an sich oft das Durchgreifen der Gewalt, Tiere werden geschlagen und zur Arbeit gezwungen, es liegt ihnen selbst nahe, den Schlag verwendet zu sehen und da sie sich noch nicht höher dünken wie Tiere, ist es ihnen gar nicht auffällig, wenn sie von Großen ähnlich gestraft werden wie Tiere. Als wir in der Schule zu Oberweißbach waren, da brachten wir gewöhnlich dem Lehrer nach alter Sitte die Haselruten aus dem Walde mit, damit er uns gelegentlich den Rücken bearbeite."

„Aber", meinte Frau Schmieder, „beweist diese Tatsache denn wirklich, dass eine solche Strafe nötig sei? Ob nun die Kinder einwilligen oder nicht, ob es innerer Drang darnach ist oder nicht, das scheint mir nicht der eigentlich entscheidende Punkt, den der Pädagoge zu wahren hätte, das Kind kann ja auch einen falschen Drang haben, — und, mag eben nicht der Umstand, dass es so vieles sieht, was unter Umständen zu vermeiden, nicht bloß bei den Tieren, — sondern auch beim niederen Volke durch die Handhabung des Stockes — mag das nicht dazu führen, dass es eben eine solche Strafweise leichter erträgt?" Fröbel meinte: „Der Gegenstand ist hiermit noch keineswegs erschöpft, ich muss es wiederholen: bei gewissen starken, kräftigen Kindern tritt ein eigentümlicher Reiz hervor, die Macht des Erziehers bis zu einem gewissen Punkt kennen zu lernen; oft, ohne Böses zu wollen, setzt der Knabe, wie man sagt, 'seinen Kopf auf', um eben zu sehen, wie weit die Kraft reicht. In solchen Fällen lässt sich freilich mit Konsequenz auskommen, oft aber ist auch ein gut geführter Schlag die Abkürzung endloser Auseinandersetzungen, auch ist Zeitgewinn in der Erziehung oft sehr hoch anzuschlagen."

Diese Gespräche riefen in mir eigene Erinnerungen aus meiner Jugend wach, die ich hier zum ersten Mal in meinem Leben Fröbel und Frau Schmieder mitteilte. Das Wesentliche ist folgendes: Eines unserer Nachbarkinder ein Mädchen, das ich als Kind sehr liebte, wurde in ihrem 7. oder 8. Jahre' von der Mutter mit der Rute bestraft, weil es ein schlechtes Zeugnis nach Hause gebracht hatte. Die Szene hatte mich sehr ergriffen; ich sah das weinende Kind nach Hause kommen mit dem Zettel des Lehrers und sah seine wahrscheinliche Strafe voraus; ich sah es ins Haus treten, hörte die Drohungen und endlich das Geschrei in Folge der Züchtigung. Ich war stundenlang darüber aufgeregt, doch als ich nachmittags das Mädchen wieder munter fand und sie mir erzählte, dass sie zwar ihre Strafe bekommen, aber die Mutter ihr wieder ganz gut sei, bildete sich bei mir eine eigentümliche Romantik: das, was meine Minna mit dem Goldhaar erduldete, das muss doch, so sagte ich mir, auch ein Knabe erdulden können. Und da ich mich nur dunkel einiger Züchtigungen von meiner Mutter aus früherer Zeit erinnerte, so kam eine förmliche Sehnsucht über mich, einmal eine solche Strafe zu erdulden, wozu freilich noch die Gespräche mit einer alten Näherin kamen, die oftmals mir gegenüber den Satz aussprach, dass mit jedem Schlage, den die Mutter dem Kinde gäbe, der Teufel in Zukunft weniger Recht hätte, mit eisernen Ruten in der Hölle darauf loszuschlagen.

Lange quälte mich dieser romantische Gedanke, auch auf solche Weise mir eine Assekuranz gegen spätere Schläge in der Hölle zu verschaffen, doch kam es nie dazu, dass meine Fantasie verwirklicht wurde. — Als ich diese Geschichte mitgeteilt hatte, brach Frau Schmied er in lebhaftes Gelächter aus und meinte: „Da hat Ihnen vor allem der Aberglaube den Streich gespielt, Sie haben des Teufels Hiebe gefürchtet." — „sollten nicht," fuhr ich nun darauf fort, „bei Knaben, die in ähnlicher Weise die Ungeduld des Lehrers herausfordern, oft ganz andere Motive zu Grunde liegen?" „Und sollte es nicht," meinte Frau Schmieder, „noch andere Mittel geben, den Kindern fühlen zu lassen, dass wir die Macht haben, sie zu beschränken, was kann die Mutter nicht alles erreichen durch das Versagen so mancher kleiner Gefälligkeiten, die das Kind an sie fesseln? Meine Tochter habe ich oft ganz einfach mit den Worten gestraft: „Heute darf Deine Puppe nicht das schöne Kleid anziehen, sie muss das schlechte tragen, weil Du so unartig warst' und sie so zum Gehorsam gebracht." „Also," meinte Fröbel, „das alte Fürstensystem hat auch bei Ihnen geherrscht, wo der Prügelknabe die Strafen erhielt, die eigentlich dem Prinzen gebührt hätten?" „Ja," meinte Frau Schmieder, „meine Tochter hatte ihre Puppe so gern, dass ich nur diese bedrohte, um meinen Zweck zu erreichen. Aber sollte das nicht ein Wink sein, dass man durch eine Fülle kleiner Zeichen und durch das Versagen von Spielen; unter Umständen durch die Fülle des Registers mütterlicher Aufmerksamkeiten einen richtigen erziehlichen Einfluss auf das Kind üben kann?"

„Sie vergessen," meinte Fröbel; „dass in den meisten Fällen die Eltern unter dem Druck äußerer Verhältnisse leben, die Frau aus dem Volk hat nicht Zeit, alle Mittel zu überlegen, sie muss rasch bei der Hand sein, auch der Schullehrer kann selten auf ein einzelnes Kind allen Fleiß verwenden, ‚frische Fische gute Fische', was rasch zum Ziel führt, das scheint hier das geratenste, doch wird in diesen Dingen auch viel von der Zeit abhängen, wir sind in Zeiten aufgewachsen, wo die Disziplin noch weit strenger geübt wurde, Pranger, Spießrutenlaufen der Soldaten, all das war ja in unserer Jugend nichts Seltenes, vielleicht mag auch dieses auf das Kindergemüt gewirkt haben." —

„Und gehen wir noch weiter ins Mittelalter zurück," sagte ich, „vielleicht auch die freiwilligen Geißelungen, die ja in frommen Familien nichts Seltenes waren."

Fröbel gab das zu und sagte weiter: „Ohne Zweifel wird jetzt in Schule und Familie weit weniger geschlagen als in meiner Jugend und gewiss hängt dies mit den neuen Rechtsgesetzen zusammen, welche diese Strafen überall entfernen; vielleicht wird eine Zeit kommen, wo auch die Erziehung solche Mittel entbehren kann, jetzt aber sind wir noch nicht so weit, die Autorität der Eltern muss noch dem Kinde gegenüber gewahrt bleiben und vor allem muss die Mutter, die so oft unter den Kindern weilt, deren Vertraulichkeit auch oft in Unfolgsamkeit ausartet, ein Mittel besitzen, um rasch und entscheidend durchgreifen zu können."

„Ja," meinte Frau Schmied er, „wenn irgend Jemand das Recht haben darf, in dieser Weise das Kind zu strafen, so muss es die Mutter sein, denn je mehr Liebe ein Erzieher hervorbringen kann, desto leichter wird auch das Kind die Strafe von ihm ertragen können, ohne an seine Gerechtigkeit zu zweifeln." Auch ich musste hiermit übereinstimmen und Fröbel beschloss dieses Gespräch mit den Worten: „Bilden wir nur die Mutter dazu, dass sie neben ihrer lebendigen Hingabe für das Kind auch Kraft und Energie genug besitzt, dessen Fehler zu überwinden, so werden wir endlich auch diese Schwierigkeiten überwinden." — Mit diesen Worten trennten wir uns, als, während ich mich zur Rückkehr rüstete, Mäurer auf mich Zutritt, der in einer Laube uns belauscht hatte und sagt: „Das wäre alles recht, aber gibt es nicht auch lieblose Mütter?"

Mäurer ging dann noch hinauf, um sich bei Fröbel zu verabschieden und auf dem Heimweg sprachen wir noch lange über dieses Thema. Dass es wieder von einer anderen Seite zur Sprache kommen sollte, ahnten wir kaum und doch sollten keine acht Tage vergehen und von neuem waren wir auf hiermit zusammen-hängende Fragen gekommen.

Am 1. September war mittlerweile aus Jena ein Schüler Stoys eingetroffen, Lehrer Sohstmann, später Realschuldirektor in Celle. Auch dieser wollte während der Ferien Fröbels Wirken kennen lernen; am 3. September waren er und Mäurer mit mir bei Fröbel und Mäurer brachte das Gespräch auf die Unterhaltung, der er von ferne zugehört hatte.

Anfänglich drehte sich die Unterhaltung noch um die Frage der Strafe selbst; Fröbel wollte dem Hause und auch unter Umständen der Schule dieses letzte Mittel nicht ganz entziehen, obwohl auch er alle die Vorsichtsmaßregeln nach dieser Seite hin, die besonders Sohstmann betonte, für notwendig erachtete; dass es überhaupt dem Lehrer nicht gestattet sei, willkürlich diese Strafe anzuwenden. Er stimmte überhaupt mit dem geltend gemachten Gesichtspunkt überein, dass viel zu leicht der Lehrer dieses Mittel als Ruhekissen für seine Faulheit betrachten könnte, dass es gut sei, denselben zu überwachen und dass vor allem ein vernünftiger Lehrer, ehe er solch ein Mittel ergreift, einerseits überlegt, ob er seine Pflicht gegen die Kinder getan, andererseits aber nachdenkt, ob für den betreffenden Fall kein anderes Mittel ausreichen würde.

Über alle diese modifizierenden Punkte waren wir einig, wenngleich in der Hauptfrage noch immer einige kleine Differenzen stehen geblieben waren. Da trat Mäurer plötzlich mit seiner Bemerkung hervor, dass es sehr schwer sei, der Schule das Züchtigungsrecht zu entziehen, weil in vielen Familien gerade die Eltern ebenfalls die Züchtigung oft ganz entmenscht anwenden. Der Versuch, den Sohstmann machte, solche Erscheinungen als bloße Ausnahmen hinzustellen, die ja, wenn es irgend zur Sprache käme, kriminell behandelt werden könnten und oft auch werden, stieß Mäurer gegenüber auf große Schwierigkeiten.

Derselbe gab zu, dass zwar die schwersten Fälle natürlich zur Sprache kämen, aber ein großer Teil von fortgesetzten Misshandlungen verstecke sich unter dem den Eltern ja zugewiesenen Erziehungsgebiet und dem daraus folgenden Strafrecht. Es gäbe Fälle, wo sich zwar die Eltern in Acht nehmen, oder gar nicht die Absicht haben, gesundheitsschädliche Züchtigungen auszuüben, wo aber fast jeder Tag durch kleine, ganz unberechtigte strafen, durch fortgesetzte Nörgeleien, durch Stöße, schimpfen und dergleichen dem Kinde so zur Hölle gemacht würde, dass man als Lehrer das tiefste Mitleid mit dem Kinde empfinde und doch nicht wisse, wie helfen. Diese Fälle seien keineswegs so selten, wie man glaubt; oft gehen sie Hand in Hand mit einer gewissen Nachlässigkeit gegen wirkliche Fehler der Kinder, welche die Eltern übersehen, oft gar darüber erfreut sind. Aber bei jeder unschuldigen kindlichen Äußerung, die den Eltern missfällt, bricht ein Unwetter los, dessen Entstehen die Kinder selbst oft kaum begreifen und das auch anderen rätselhaft bleibt. Und gerade in dieser Beziehung gäbe es viele Mütter, und nicht bloß aus dem niederen Volke, sondern weit hinauf in den Mittelstand, so dass man oft zweifeln könnte, ob die mütterliche Liebe wirklich so bedeutend wäre, als sie gewöhnlich hingestellt wird. — Fröbel freute sich dieses Einwandes und benutzte ihn zu einer seiner geistvollsten Entwicklung über den Einfluss seiner Lehre auf das mütterliche Herz.

Er sprach mit so viel Wärme und so hinreißend, dass ich vollständig bewältigt mir gar nicht die Wendungen so einprägen konnte, als ich gewünscht hätte. So tief waren ich und die anderen Hörer des Gespräches versenkt, dass, als wir uns nachher darüber aussprechen wollten, wohl ein Jeder eine Fülle von Bemerkungen und Ideen aus dem Gespräche entnommen, aber keiner im Stande war, den gesamten Gedankengang wieder zu geben, alle aber waren wir von der Wahrheit dessen, was Fröbel lehrte, tief überzeugt.

Soviel ich mich entsinne, ging Fröbel davon aus, nachzuweisen, wie unser ganzes jetziges gesellschaftliches Leben in erster Linie die Frauen von ihren eigensten Aufgaben abziehe; die scharfen Rügen, die er hier über die erste häusliche wie Schulerziehung, wie endlich über das Treiben der jungen Mädchen in den Übergangsjahren aussprach, waren geradezu vernichtend und zwangen die Hörer in seinen Gedankenkreis. Vieles von dem, was er sagte, würde jetzt weniger neu erscheinen, die trefflichen Werke einer Frau Otto Peters, Hedwig Dohm, Louise Büchner haben nach dieser Seite hin das Bewusstsein mehr geweckt. Damals aber, wo man nur gewöhnt war, die Kritik an das Bestehende von ganz anderer Seite her, besonders von der politischen zu üben, waren die Blicke, die uns Fröbel in die sozialen Verhältnisse tun ließ, Staunen erregend.

Sohstmann äußerte später: „Nun, wie der dem Leben in die Karten geguckt, hat es keiner vor ihm!" — Dem gegenüber stellte Fröbel das Bild, wie sich das weibliche Wesen unter dem Einfluss ganz anderer Faktoren entwickeln würde. Er schilderte sein Erziehungssystem, wie es von Jugend auf wirken muss, wie eben alle Elemente, die wir jetzt so gern selbst -ei den jüngsten Mädchen beobachten, ihre Hinneigung und Freundlichkeit mit den noch jüngeren Kindern, ihre Sorgfalt für diese, die so oft das spätere Leben wieder vernichtet, — in ganz natürlicher Konsequenz aufleben würden. Auch hier folgten die lichtvollsten Blicke über Einzelheiten, die ebenfalls kaum wiederzugeben sind. So schilderte Fröbel vor allem vorteilhaft die Art und Weise, wie die Zeiten, wo das Kind so reiche Freude am Erzählen hat, auch wieder benutzt werden könnten, um es selbst zum Erzählen zu bringen.

Überraschend war mir die Art und Weise, wie er die Spannung erwecken wollte, — es war nicht ganz dasselbe, wie nach Bettinas Mitteilungen die Frau Rat B mit dem jungen Goethe gemacht hatte, und doch erinnerte es daran. Gern hätte ich später mit ihm darüber gesprochen, aber wie es so häufig geht, wenn ich darauf zu sprechen kommen wollte, fand sich immer Wichtigeres und so bin ich in Ungewissem geblieben, ob er seine Vorschläge unter Anregung der Bettinaschen Mitteilung, denn von dieser hatte er gewiss durch Frau Baronin Marenholtz-Bülow, welche Bettina sehr hoch schätzte, vernommen, — oder unabhängig davon gemacht habe. Und nun kam der wichtigste Teil seiner Rede, und das waren Lichtblicke auf die Art, wie sich die ganze menschliche Gesellschaft auf Grund seines Systems gestalten muss. Diese Ausblicke in ganz neue Organisationen, diese Kühnheit der Kombination waren geradezu erstaunlich, wir hatten Mühe, später diesen Gegenstand weiter innerlich auszubauen.

In diesem Berichte möchte ich es nicht wagen, über diesen Gegenstand zu sprechen, denn viel zu sehr haben sich hier eigene Ansichten gemischt mit denen, die er mir damals mitteilte, und es wäre vermessen, bei einem so ernsten Gegenstand meine später gewonnenen Überzeugungen denjenigen einzuflechten, die mir damals so große Anregung gaben. Vielleicht gibt sich später in anderen Arbeiten Gelegenheit, auf diese Anregungen und ihre Folgerungen für mich zurückzukommen. Genug, wir waren damals auf das Tiefste bewegt und der 3. September 1850 ist mir seitdem unvergesslich geblieben. Beim letzten Teil der Fröbelschen Mitteilungen waren noch andere Zuhörer gekommen, die Frau Baronin, die mit Hermine Diesterweg, und bald darauf Frau Schmieder, die mit anderen Kindergärtnerinnen hinzugetreten waren. Sie alle hatten den Anfang des Gespräches nicht gehört, wohl aber die letzten entscheidenden Sätze, wo Fröbel alles zusammenfasste.

Nachdem er geendet, brach Hermine Diesterweg fast seufzend in die Worte aus: „Ein schönes Bild! Ja, so ließe es sich unter Menschen herrlich leben, aber, wird es sich auch erfüllen?" — Fröbel schwieg einen Augenblick, dann sah er, wie immer bei solchen Gelegenheiten, lange und fest hinauf zum blauen Äther und sprach dann: „Ich hoffe es nicht bloß, ich weiß es, es kann nicht anders werden!" — Auch Frau Schmieder ergriff das Wort: „Die große Begeisterung unseres Freundes," meinte sie, „lässt uns wohl vieles erhoffen, aber dennoch kann ich den Zweifel nicht unterdrücken, dass vieles in unseren Tagen vorgeht, was diesen Hoffnungen entgegensteht, schon ballen sich Gewitterwolken, die selbst die unbefangensten Errungenschaften der letzten Jahre bedrohen. Man spricht sogar in Neapel vom Wiederanwenden der Tortur — wer kennt das Ende des Sturmes, der sich jetzt vorbereitet, und wenn sie auf meine Mitschwestern, die Frauen, so sehr rechnen, so ergreifen mich da die bangsten Beängstigungen. Alle Achtung vor den wenigen, die den Mut haben, dem Vorurteil zu trotzen, aber ihre Zahl ist spärlich gesäet und sie werden von der Gesellschaft fortwährend angefeindet, man sieht sie als Törinnen, ja als Feinde der Gesellschaft an, man dichtet ihnen Lächerlichkeiten an, die höchstens die Extravagantesten unter ihnen treffen, man macht Karikaturen aus den besten Bestrebungen, gegen die schwer anzukämpfen ist, — wie soll das enden?"

Mit derselben Ruhe erwiderte Fröbel: „Wenn die Frauen sich mit Begeisterung meiner Ideen annehmen, so werden sie alle Vorurteile besiegen und auf dem Boden meiner Ideen werden auch viele andere reif werden, hier ist der Durchgang, durch den sich die wahre innere und äußere Frauenemanzipation und Erweiterung ihrer Stellung in der Gesellschaft vollziehen muss."

Hermine Diesterweg versuchte zu lächeln, doch gewann ein schmerzlicher Zug bei ihr die Oberhand und Fröbel, sich zu ihr wendend, fuhr fort: „Ja, Hermine, behalten Sie nur Mut und halten Sie fest an dem Gedanken, den ich aufstellte, er allein kann Sie durch die mannigfachen Kämpfe, die Sie noch bestehen müssen, leiten!"

Wie sehr habe ich später, als das traurige Schicksal dieses trefflichen Mädchens eintrat, an die warnenden Worte des Meisters denken müssen, es sollte leider nicht so kommen, wie er wünschte.

Die Baronin von Marenholtz nahm nun das Wort: „Ja, Sie mögens glauben oder nicht, unser Fröbel hat Recht, viele Erfahrungen des Lebens wiesen mich darauf hin, dass sowohl Frauen als Männer keine andere Seite unserer geistigen Vorbereitung so schnell begreifen, als gerade die durch Fröbels Idee ausgedrückte, nur diese allein kann die Stufe bilden, auf der weiter errungen werden wird, — das fühle ich immer mächtiger — und wenn es das Geschick gestatten wird, so hoffe ich, dass von dieser Seite aus meine Anregung nicht vergeblich sein wird." Fröbel meinte: „Sein Sie nur nicht so bescheiden, Frau Baronin, Sie haben schon viel gewirkt und Ihr Wirken wird noch weite Spuren ziehen."

Dieses Gespräch gab Veranlassung, dass Donnerstag, den 5. September des Abends im Garten eine längere Besprechung über die Frauenfrage stattfand. Da ich die Grundzüge dieser Besprechung, wenngleich in freier Form und mit Heranziehung mancher Ideen aus anderen Gelegenheiten schon in der Zeitschrift „Kindergarten" im Jahre 1867 veröffentlicht habe, so kann ich hier verzichten, näher darauf einzugehen. Doch sollte sich beim damaligen Gespräch zum Schluss eine interessante Episode anknüpfen, die dort nicht erwähnt ist.

Eine Woche vorher war Fräulein Steiner aus Oberweißbach mit einigen Freundinnen zu Besuch gekommen und von Fröbel als alte Landsmännin recht herzlich aufgenommen worden. Doch den von ihr geäußerten Wunsch, bald wieder als Kindergärtnerin unterzukommen, konnte Fröbel unter den damaligen Umständen keine Unterstützung gewähren. Er sagte ihr unter vieler Teilnahme, es täte ihm sehr leid, für jetzt und für die nächste Zeit keine Stelle für sie zu wissen.

Auf Fräulein Steiners Wunsch nahm ich diesen Gegenstand im Gespräch mit Fröbel jenen Abend nochmals auf; doch er meinte: „Für diesen Augenblick halte es unendlich schwer, vor allem muss ich die neuen Kindergärtnerinnen unterbringen, um zu sehen, wie sie sich in praxi bewähren, Fräulein Steiner hätte in Hamburg bei Veit bleiben sollen; ich kann wohl die Umstände begreifen, die sie zum Verlassen der Stelle führten, aber es ist schwer, wenn Jemand erst aus der Reihe getreten, ihn wieder herein zu bringen. Finde ich einmal für sie eine passende Stelle, so werde ich ihrer gedenken, für jetzt aber ist es nicht möglich."

Da ich mich aber dabei nicht beruhigen ließ und sehr lebhaft das Anliegen der jungen Dame verfocht, wurde Fröbel fast heftig und meinte: „Man glaubt, ich könnte nur so über Stellen für Kindergärtnerinnen verfügen, ich habe aber fortwährend zu überlegen, wo eine paffende Stelle zu besetzen ist oder nicht. Man hat mir so oft Vorwürfe gemacht, dass ich mit der Begründung von Kindergärten an Orten, wo noch nicht genug vorbereitet ist, zu voreilig sei, und mich für jedes Unglück, das eine Kindergärtnerin etwa in ihrer Laufbahn gehabt, verantwortlich machen wollen, und während das von der einen Seite geschieht, drängt man mich von der anderen Seite nach dieser oder jener Stelle Posten zu besetzen, wo ich es nicht für gut finde, was soll ich denn machen? Nach Hamburg, dem Hauptzugplatz, mag ich die Steiner nicht schicken, weil sie sich mit Veit überworfen hat, in Dresden ist auch kein Platz und in jeder kleinen Stadt geht es nicht so leicht, es zu versuchen; glauben Sie, wenn ich irgendetwas weiß, werde ich an die Steiner denken." — Hiermit war das Gespräch abgebrochen.

Am 5. September sollten jedoch wieder einige Punkte aus demselben zur Sprache kommen, im Anschluss an die Erörterungen über die Frauenfrage. Gerade als Fröbel ganz begeistert der Frau die Selbständigkeit des Handelns vor allem empfahl, sagte Frau Schmieder: „Ja, Sie machen mir Mut, einen lang gehegten Plan durchzuführen, ich habe einige Beziehungen mit Wien, habe aber immer geschwankt, dorthin zu gehen, um mit meiner Tochter für die Kindergartensache zu wirken, ihre Rede macht mich jetzt aber fest dazu entschlossen." Von nun an bis wir uns trennten, war bei Frau Schmieder der Entschluss fest geworden, nach Wien zu gehen; leider ist es mir später nicht gelungen, weitere Nachrichten über diese vortreffliche Frau und ihre Tochter erhalten zu können, es hieß, sie sei 1852 nach Wien abgereist, alle späteren Nachfragen bei Freunden und Bekannten waren erfolglos. Fast fürchte ich, dass Frau Schmieder nicht mehr am Leben ist, denn ein so hoher Geist, wie sie ihn besaß, würde sich gewiss auch in Taten geäußert haben, die mir nicht entgangen wären.

Fröbel knüpfte daran an: „sie haben Recht, Wien fasse ich immer ins Auge; trotz der Schwierigkeiten, die jetzt, nach Ungarns Niederwerfung, dort herrschen, wünschte ich, dass eine tüchtige Dame hinginge, für meine Idee zu wirken. Sie sind in der Tal dazu geeignet, doch habe ich es erst vorige Woche der Steiner geraten. Ich sagte dieser: Fassen Sie Mut, gehen Sie nach Wien, dort ist der

Punkt, wo sie eingreifen können und müssen." Es war mir, muss ich hier bemerken, ein recht freudiges Bewusstsein, als ich 1877 erfahren sollte, dass Fräulein Steiner, die in der Zwischenzeit im südlichen Thüringen in der Nähe von Coburg trefflich wirkte, endlich doch Fröbels Wunsch erfüllte und nun in Wien seit längerer Zeit, wenn auch in kleinem Kreise, sehr tüchtig für die Fröbelsache wirkte. —

Nachdem das Gespräch diese Wendung genommen, kam ich auf die Ereignisse der vorigen Woche zu sprechen und sagte scherzhaft zu Fröbel: „Ich sehe wohl, Sie wollen diesen verschiedenen Anklagen, von denen Sie vorige Woche erzählten, dadurch die Spitze abschneiden, dass sie es den Kindergärtnerinnen selbst überlassen, sich den Weg zu bahnen." — „Ja," sagte Fröbel, „es bleibt nichts anderes übrig, als ihnen die Richtung zu zeigen, missglückt es an einem Orte und ist sie tüchtig, so findet die betreffende Kindergärtnerin auch an einem anderen Orte ihr Fortkommen." Diese Äußerung gab nun Gelegenheit auf das ganze Gespräch der vorigen Woche zurückkommen zu können. Sohstmann sprach sich dahin aus, dass es doch einer genauen Prüfung gelte, ehe man Kindergärtnerinnen an einem fremden Ort schicke; es wäre vielleicht geratener, so lange mit der Begründung eines solchen zu warten, bis man die Sicherheit hätte, den Damen eine dauernde Position zu verschaffen. Da fuhr aber Fröbel auf, als hätte ihn ein Dolch getroffen:

„Sie haben gut reden, wo wäre ich mit meiner Sache geblieben, wenn ich hätte warten wollen, bis sich überall die langweiligen Philister von der Notwendigkeit der Dinge überzeugt hätten. Kindergärten müssen gegründet werden, wenn sich nur irgendwie eine Aussicht zeigt, der Gedanke muss ausgesät werden nach allen Seiten hin, und da können wir auf das Interesse der Beteiligten immer nur in zweiter Linie sehen. Wer sich einer Idee widmet, ist wie der Soldat in der Schlacht, siegt er, so hat die Sache gesiegt und sein Lohn ist dem entsprechend, geht er unter, so ist er für eine heilige Sache gefallen. —

So leid es mir um jede Kindergärtnerin täte, der an einem Orte durch vergebliches Wirken Schwierigkeiten erwachsen sind, so muss ich dennoch sagen, der Sache hat es Vorteil gebracht. Und schließlich soll man ja nicht bloß auf ein Ereignis alle Hoffnung setzen, eine ordentliche tüchtige Kraft kämpft sich durch Schwierigkeiten hindurch und den Mädchen, welchen es einmal geschehen, dass sie nicht reüssierten, sind ja eine Menge anderer Wege offen. Sind sie als Kindergärtnerinnen tüchtig, so müssen sie Mut und Kraft haben auch nach anderen Seiten hin, sie müssen Leute für sich gewinnen, ich würde sie dann ja gern, soweit meine Kräfte reichen, unterstützen, aber für sie zu sorgen wäre für mich unmöglich." Fräulein Bothmann meinte: „Aber sollte es nicht vielleicht der Sache schaden, wenn Kindergärten an einem Orte, wo sie begründet sind, schnell wieder eingehen?" Mäurer fügte hinzu: „Ja, man sprach dann oft an solchen Orten mit Achselzucken über diese Institute und oft ist dann auf Jahre hinaus damit verfahren.

„Wohl möglich," sagte Fröbel, „aber man spricht doch wenigstens davon, ich halte es für ein weit größeres Unglück, wenn überhaupt von mir nicht gesprochen wird; mögen sie tadeln, sie müssen davon reden, die Saat aussäen. Darum kann ich nie zögern, wenn darnach ein Verlangen ist; wohl erkundige ich mich nach den Verhältnissen, soweit es von auswärts möglich ist, suche der hinziehenden Kindergärtnerin Freunde zu erwerben, wo ich Empfehlungen auftreiben kann, tue ich es, aber aus der Ferne alle Möglichkeiten zu beachten, die dortigen Verhältnisse zu beurteilen ist rein unmöglich, da muss ich mich auf die Berichte der Leute verlassen, die sich an mich wendeten. Wo ich näher bekannt, kann ich nähere Nachrichten erfahren, ich verhehle keiner Kindergärtnerin alle diese Umstände, zeige ihr die ganze Korrespondenz, mache sie selbst zur Richterin ihrer Sache, mehr kann ich nicht tun.

Würde ich aber irgendeiner Bestrebung, sei sie auch noch so klein, meine Hilfe versagen, so würde ich mir selbst Vorwürfe machen. Auch hier geht es so, wie es in der Bibel heißt: ‚Aus dem Steine, den die Bauleute verworfen, ist der Eckstein geworden' — an vielen Orten, wo ich gar nichts erwartete, gedieh die Sache vortrefflich, an anderen Orten, wo ich das Beste erhofft, fanden sich plötzlich große Schwierigkeiten. — Ich kann nicht mehr tun als meine Pflicht erfüllen, zu prüfen und den Angestellten die Sache vorlegen, dann müssen sie sich selbst durchkämpfen, wenn sie Herz und Kopf an den rechten Stelle haben!" — Auch hier schloss sich die Baronin an mit einer der geistvollsten und wirksamsten Betrachtung, von der ich bedauern muss, nur Weniges hier mitteilen zu können. Der Grundgedanke derselben war, dass auch das Frauengemüt nur dann gestählt werde, wenn es den Kämpfen fest ins Auge sähe und dass ein ungeprüfter Charakter, den man oft so gern erziehen will, gar keinen Wert hätte. „Darum freuen wir uns, dass Fröbel uns eine Bahn erschlossen hat, wo wir, den Kämpfen des Lebens fest ins Auge sehend, uns rüsten und wappnen."

Sonntag, den 8. September, fand dann eine Gesellschaft auf dem Altenstein statt, wozu die Baronin Fröbel, die Kindergärtnerinnen, fast alle Badegäste und die Lehrer der Umgebung geladen hatte. Des Nachmittags wurde oben Kaffee eingenommen, dann spazieren gegangen und im kühlen Wald gerastet und geplaudert und abends wurde ein schmackhaftes Mahl zum Schlusse eingenommen. Dass die geistige Unterhaltung dabei eine große Rolle spielte, dass von Gruppe zu Gruppe der Ideenkreis angeregt und durchgesprochen wurde, lässt sich denken.

Doch war die Gesellschaft zu mannigfaltig und lebhaft, als dass vor der Abendtafel eine zusammenhängende Unterhaltung möglich gewesen wäre; der Naturgenuss, der Eindruck des herrlichen Tages fesselten zu sehr. Bei der Tafel kam die Rede auf die von mir und Pösche gehaltenen Vorträge und auf die Bedeutung des Griechentums. Ich knüpfte an Punkte aus Pösches Vortrag an und führte aus, wie ganz ähnliche Verhältnisse auch in unseren Tagen stattfänden. Dann kam ich auf den Geist der griechischen Erziehung und hob die Analogie zwischen dieser und der Fröbelschen Erziehung hervor. — Da die Frau Baronin in ihren Erinnerungen die nun folgenden Mitteilungen Fröbels anführte, so kann ich hierauf verzichten.

Auf Montag, den 9., nachmittags, war ein großer Spaziergang nach einer Fels-partie, wenn ich nicht irre, dem Jägerstein, angesagt. Sohstmann machte sich diesen Nachmittag, und auch dann bis zu seiner Abreise viel mit Fräulein Schmie-der zu schaffen, so dass Fröbel mir scherzhaft sagte: „Nun, wenn der Sohstmann erst eine Staatsanstellung hat, dann wäre das ein ganz passendes Paar."

Ich neckte nun Sohstmann mit dieser Äußerung, da er es ein wenig pikiert aufzunehmen schien, fuhr ich fort: „Übrigens könnten Sie in der Tat nach meiner Ansicht nichts Besseres tun, als sich ein Mädchen zur Gattin zu nehmen, die zugleich den Kindergarten führen kann; werden Sie dann Lehrer, so setzt Ihre Gattin diese Tätigkeit fort und Sie haben dadurch Gelegenheit, die großen Ideen Fröbels über die Fortsetzung der Kindergartentätigkeit bis in die Schule hinein weiter auszubilden." Sohstmann antwortete ganz niedergeschlagen: „Ja, da kennen Sie unsere öffentlichen staatlichen Verhältnisse noch nicht; wir können in solchen Dingen selten die Initiative ergreifen, höchstens gelegentlich schriftstellerisch dafür wirken; wie ein Bleigewicht hängt sich der ganze Gang des Systems, das einmal adoptiert ist, an die Wirksamkeit eines angestellten Lehrers.

Da heißt es die Aufgaben erfüllen, die von oben vorgeschrieben sind. Du kannst weder den Lehrstoff wählen noch das Lehrziel feststellen, alles ist schon fertig. — Und wäre es nur in großen Umrissen, so könnte man zufrieden sein, aber es herrscht ja immer mehr der Drang, dass bis in die kleinsten Details alles ausgearbeitet wird; vielleicht wird noch die Zeit kommen, wo der Schulinspektor, wenn er in die Klasse tritt, sofort verlangt, dass die Kinder genau an dem Punkt angekommen wären, wo nach dem etwaigen Lehrplan an dem betreffenden Tage die Arbeit stehen soll.

Man will ja jetzt vom grünen Tisch aus alles ordnen, der Lehrer soll ja keine Selbstständigkeit haben. Wie oft habe ich Stoy über diesen Punkt klagen hören!" — „Ich denke, es sollte besser werden," meinte ich. — Hängt sehr von den Verhältnissen ab," fuhr Sohstmann fort, „wir haben in Jena in der letzten Zeit gar Manches darüber gehört, was sich in Preußen in der Fülle vorbereite. Der Ladenberg wäre freilich Verbesserungen zugänglich, aber es sind noch zu viel Räte aus der alten Eichhornschen Zeit tätig und bei Hofe vor allem nährt man Ansichten, die unserer jetzigen Schulbewegung sehr feindlich sind." „Aber die Verhältnisse werden ja nicht so bleiben," meinte ich, „es lässt sich doch hoffen, dass dieser erste Sturm der Reaktion vorüberbrausen wird und bessere Zustände angebahnt werden."

Fröbel war hinzugetreten und hatte nur die letzten Worte gehört. „Politisieren Sie schon wieder?" fragte er mich, „statt die schöne Gegend zu bewundern, ja, ja, das können Sie nicht lassen und doch sollten Sie schon erfahren haben, dass Ihre und Ihrer Freunde Politik in den letzten zehn Jahren nichts geholfen hat, die Rückschläge sind furchtbar gewesen auf die freudig gehegte Hoffnung und ich fürchte, die rückströmende Bewegung ist lange noch nicht zu Ende." „Ein ungünstiges Prognostikon!" meinte ich, „Bis jetzt sind die Verhältnisse doch nicht so ungünstig; freilich sind die großen Ideen zurückgedrängt worden, aber wenigstens eine Anknüpfung ist geblieben. So traurig es auch ist, dass statt der großen Hoffnung einer Einigung Deutschlands, nun dieser Bund kleiner Staaten mit Preußen gegründet ist und dass aus dem mächtigen Frankfurter das Erfurter Parlament geworden, ist wenigstens Preußen teilweise auf dem Weg von 1848 geblieben."

„Wie lange?" meinte Fröbel, „auf diesem Wege gründen sich nicht die neuen Ideen, nur auf dem Boden der von mir entwickelten Gedanken ist es möglich, langsam bereitet sich die Zeit dafür vor und endlich wird sie dazu reif sein. Ich rate Ihnen, auf den Ausbau der Gegenwart wenig zu hoffen, vielleicht lässt sich in ein oder zwei Jahrzehnten mehr tun; für diesen Augenblick gilt es nur den Weg vorzubereiten, den Sturm im verborgenen Winkel still abzuwarten und auf die Zukunft zu hoffen. —

Sehen Sie," fuhr er fort, „wie von hier aus weit über den Wald die Striche der fernen Berge erscheinen, so erscheint auch die Idee der Zukunft von der Vervollkommnung der Menschheit jetzt noch am fernen Horizont, noch liegen Waldungen dazwischen, die wir hinabsteigen und hinaufklimmen müssen, Berge sind zu überwinden, Täler auszufüllen, Wege zu suchen — und Pfadfinder müssen kommen, dieselben zu finden. Immer strebe ich deshalb, neue Kräfte zu gewinnen und wenn einer kommt" — Fräulein Schuberth trat mit der Nachricht hinzu, dass soeben Wichard Lange aus Hamburg eingetroffen sei — „Nun da ist ja einer gekommen!" meinte Fröbel. — Von nun an war die Unterhaltung des Tages wieder auf das Gegenwärtige gelenkt, wir besprachen, was etwa Lange uns mitteilen würde und trennten uns endlich am Scheidewege zwischen Mariental und Liebenstein.

Noch denselben Abend lernte ich Wichard Lange bei Renner kennen, er war von Keilhau gekommen, wo er seine Braut besuchte und wollte mit Fröbel in Angelegenheit der Wochenschrift, deren Redaktion er hatte, unterhandeln. Er stellte in Aussicht, dass wahrscheinlich auch Middendorff bald käme. „Wie gut wäre es," meinte ich, „wenn wir ihn noch treffen würden!" Die Freude sollte mir auch bereitet werden, denn Mittwoch, den 10. September erfuhren wir schon in der Morgenstunde, dass er eingetroffen sei und dass an demselben Abend, dem letzten vor W. Langes Abreise, eine gemeinsame Gesellschaft und Beratung bei Fröbel stattfinden sollte.

Am 9. sahen wir Fröbel nicht, der durch Langes erfolgte und Middendorffs bevorstehende Ankunft zu sehr beschäftigt war, dafür plauderten Sohstmann und ich viel von den gehabten Eindrücken; W. Lange kam nachmittags auch herüber und bestellte uns für morgen zu einem gemeinschaftlichen Spaziergang wieder nach der Stelle hin, an welcher wir fünf Wochen vorher, am 6. August, mit Fröbel ein trauliches Gespräch führten. Fröbel selbst müsse freilich bei der Partie fehlen, da er zu arbeiten hätte und früh zur Ruhe wolle, doch hoffe er, würden wir auch ohne ihn uns sehr gut unterhalten.

Das fand dann in der Tat statt; an der traulichen Stelle gelagert, gingen wir noch die sämtlichen Erinnerungen über Fröbel durch. Ich erzählte und schilderte alle die Eindrücke, die ich erlebte, hob hervor, wie ich anfänglich nur auf wenige Seiten der Fröbelschen Wirksamkeit Wert gelegt hätte, wie die Ausbildung für Handgeschicklichkeit und mathematischen Sinn mir als das Wichtigste schien, wie aber nach und nach andere Gesichtspunkte auftauchten, wie mich vor allem der tiefe Zusammenhang seiner Ideen mit der Frauenfrage auf das Innigste fesselte.

Für die letztere Seite wollte W. Lange keine so großen Sympathien entgegenbringen; er meinte, er sei in Hamburg so manchen Verirrungen der großen Führerinnen derselben begegnet und im Ganzen, glaube er, sei der größte Teil der Frauen nicht dazu berufen, in die neue Bewegung einzugreifen. Vor allem wünschte er ihnen etwas Kernhafteres in ihrem Wesen, sehen Sie meine Braut z. B.," meinte er, „das ist vor allem doch ein Mädchen, das nicht wie die meisten anderen zusammenbricht, wenn man sie anfasst, — nach dieser Seite hin möchte ich vor allem die Bildung der Frauen gerichtet wissen. Festere Kernigkeit — und ich kann nicht leugnen, dass, wenn auch nicht bei Fröbel selbst, doch bei manchen seiner Anhänger zu fürchten ist, dass sie die Frauen verweichlichen und zu sehr sentimental machen. Freilich bei denjenigen, die sich der Keilhauer Richtung anschließen, ist das nicht zu fürchten, aber es gibt doch auch andere."

Nun wogte wieder die Frauenfrage und noch lange nachher, bis wir uns trennten bildete dieses Thema einen Hauptpunkt der Unterhaltung. Auch in späteren Jahren blieb nach dieser Seite hin eine gewisse Differenz zwischen mir und Lange stehen, die sich dadurch noch zu steigern schien, als ich im Jahre 1860 in einigen Arbeiten, die in pädagogischen Zeitschriften veröffentlicht wurden, Alwine Middendorffs hohe Verdienste für die Fröbelsache hervorhob. Seit dieser Zeit bewies Lange allmählich eine Gereiztheit gegen mich, deren Ursprung ich mir schwer erklären kann. Ich erwähne dies jedoch nur deswegen, weil in den folgenden Erörterungen auch auf diesen Punkt Bedacht genommen werden muss.

Mittwoch, den 10. September, fand nun der Abschiedsabend bei Fröbel statt. Wir hatten uns alle entschlossen, am folgenden Morgen in der Frühe mit einem gemeinsamen Wagen nach der Station Wutha zu fahren, von wo Schmieder nach Dresden, Sohstmann nach Jena und Lange nach Hamburg zuerst gemeinsam die Bahn benutzen wollten, die über Weimar führt, ich alsdann mit derselben über Eisenach nach Kassel fahren sollte. Dieser Plan wurde in der Tal ausgeführt und gewährte uns einen herrlichen gemeinsamen Abschied.

Auf W. Langes Wunsch Heilte ich eine wichtige Episode aus meinem Leben mit, die teils mit meiner religiösen, teils mit meiner politischen Entwicklung zusammenhing: Wie ich als Student in Berlin, erfüllt mit träumerischen Ideen über den Katholizismus, die ich durch das Studium von Franz Baader gewonnen hatte, eine jüdische Direktrice eines Putzmachergeschäftes bereden wollte, Katholikin und Nonne zu werden, weil ich an ihr ein großes Talent zur Äbtissin zu entdecken glaubte, — wie sich aber in Folge dieses vergeblichen Versuches eine in der Tat etwas komische Leidenschaft für diese Dame bei mir entwickelte und ich bald darauf dachte, dass diese Dame, statt Äbtissin, auch als meine zukünftige Frau ihren Beruf nicht verfehlen würde, wie auch dieser Versuch anfangs nicht unfreundlich, doch mit Reserve ausgenommen wurde, schließlich aber dazu führte, dass wir beide verständig genug waren, einzusehen, dass wir nicht zu einander passten; wie endlich diese Dame einen Techniker geheiratet und eine tüchtige Hausfrau und Mutter geworden sei, mit der ich jetzt noch freundschaftlich verkehre.

Da der Stoff natürlich seine komischen Seiten hatte, so war die Heiterkeit der Gesellschaft vollkommen berechtigt, dennoch musste ich so manchen Versuch abwehren, den W. Lange machte, diesen Gegenstand noch mehr ins Lächerliche zu ziehen, da ja demselben auch ernste Seiten zu Grunde lagen und ich doch auf das Schlussbild des Irrtums Hinweisen wollte, auf meine Heilung von der Schwärmerei und auf den Einfluss, den bald darauf die Vorträge des vortrefflichen Lehrers der Kirchengeschichte, Professor Marheineke, auf mich gewannen. Damals brach W. Lange in die vielleicht scherzhaft sein sollende Bemerkung aus: „Gut, dass Sie mir das verraten haben, von nun an werde ich sehr vorsichtig und eifersüchtig auf Sie sein!"

Da fiel Frau Schmieder ein: „Wahrlich, wo man mit so hohem Ernst die Fröbelidee auffasst, darf für solche kleinliche Anspielungen kein Raum sein. Auch nach dieser Seite hin erhebt Fröbels Idee und reißt über alles hinweg, die untergeordneten Tändeleien, die jetzt noch im Leben eine so große Rolle spielen, können sich vor dieser Feuerprobe nicht halten. Das Verhältnis zwischen Mann und Weib wird nach allen Seiten hin ein würdiges werden."

Als ich 1852 Fröbel diesen Vorfall erzählte, stimmte er mit ein und meinte: „Das Verkehrteste in unserm Verhältnissen ist, dass wir in jede Kleinigkeit den Gegensatz der Geschlechter tragen. Dieser Gegensatz hat freilich seine hohe Bedeutung, er soll und muss das ganze Leben durchziehen, dennoch dürfen wir nicht vergessen, dass sowohl in früher Jugend als im späteren Alter die Geschlechter ähnlich sind, nur in der Mitte liegt der Gegensatz. Überall muss die ernste Grundlage, dass der Mensch dem Menschen gegenübersteht, das Verhältnis durchziehen, der Geschlechtergegensatz nur da Vorkommen, wo er seine natürliche Berechtigung hat. Im gewaltigen Zusammenwirken der Geister für die gesamten menschlichen Aufgaben muss stets das Einigende liegen, dem gegenüber jede galante Spielerei verschwinden muss." Nach Mitteilung dieser Episode, für die anderswo kein geeigneter Platz war, kehre ich wieder zum Früheren zurück.

Die große Zusammenkunft fand dann abends am 10. statt. Man beschäftigte sich vor allem mit der Frage der Hebung der „Zeitung", jeder hatte seinen eigenen Plan. Lange wünschte mehr kürzere und die Gegenwart berührende Aufsätze, er hatte über die Einführung der Volkswirtschaft in die Schule geschrieben. Fröbel verteidigte seine Ansicht, dass hauptsächlich der große Gedanke zur Geltung kommen müsse, dem er sein Leben gewidmet habe. Dazwischen kamen andere

Gespräche, über die Stellung des Mannes zum Weibe, über die Frauenfrage usw. Auch die Kindergärtnerinnen griffen ein, das Gespräch berührte so viele Punkte, dass es schwer sein würde, Einzelheiten wiederzugeben.

Auch am folgenden Tag, bei der Reise nach Wutha, hallte in unserem Geiste dieses Gespräch nach, und als wir die Pause vor Ankunft des Zuges, — wir waren absichtlich zwei Stunden früher gekommen, — benutzten, den Hörselberg zu ersteigen, da fasste Sohstmann in origineller Weise die Gegensätze, die zwischen uns entbrannten, zusammen: „Hier ist der Berg, wo die Volkssage die Leute hereinlocken lässt zu Frau Hulda, da oben seitwärts bei Mosbach wohl ist es, wo die Unholdinnen losbrachen und den Kindern aus Mosbach das Bier, das diese von Eisenach holten, austranken, wo diese der treue Eckhart warnte — hier wollen wir auch stehen bleiben und uns vornehmen, uns nicht von den bösen Geistern in den Berg der Lebensgenüsse locken zu lassen und von unserem Ziel nicht abzuweichen, es nicht so zu machen wie die Kinder, die trotz der Warnung des treuen Eckhart aus der Schule schwatzten."

Frau Schmieder schloss sich an: „Mir scheint im treuen Eckhart, der die Welt vor Bösen bewahrt, das Bild unseres Fröbels. Wenn ich ihn so sehe, die treue Stütze der großartigsten Ideen der Menschheit, wenn ich mir ihn denke als die Hoffnung, dass die Jugend sich nicht verlocken lasse in den wilden Taumel des Lebens, muss ich an Eck hart denken, der trotz vielen Ungemach seinem Herzog treu geblieben. — Ja, Fröbel ist unser Eckhart!" — In gerührter Stimmung schieden wir voneinander, der Zug entführte die Freunde nach dem Osten, ich reiste nach Westen, nach Kassel, wo ich für den dort neu gegründeten Kindergarten wirken sollte. —

Was wird mir das Geschick bringen? So fragte ich mich, nicht ahnend, welch' bedeutende Gegensätze und Kämpfe mir in der Zukunft bevorstünden. Als ich den Wagen betrat, der mich weiter führte, traf ich eine Schweizerin, Fräulein Liniger aus Nidau, die lange Zeit in Russland Erzieherin gewesen war.

Sonderbar! Gerade in dem Augenblick, wo ich anderen Zielen zusteuerte, sollte die Unterhaltung mit dieser Dame, auf die ich anderswo zurückkomme, meinen Blick auf die Gegensätze jener beiden Länder lenken und auf die Bedeutung, die sie für die Zukunft hätten. Erst nach Fröbels Tode sollte ich Fräulein Liniger in ihrer Heimat wieder treffen und das angeregte Thema weiter dort ausführen. Ehe sich das aber vollzog, sollte ich Fr übel noch zum zweiten und letzten Male sehen. An jenem Abschiedsabend hatten wir einen innigen und ergreifenden Abschied voneinander genommen. Fröbel und Middendorff waren noch mit dem Kreis, der sie verließ, bis zum Tore gegangen, dort schüttelte er Sohstmann und

Lange lebhaft die Hände und zu mir sich wendend sagte er unter lebhaftem Händedruck: „Nun, Sie haben ja sechs Wochen die Sache betrachten können und ich freue mich, dass Sie sich so innig angeschlossen haben, halten Sie fest an der Sache, hier werden Sie Wurzel fassen können. Was sich im Augenblick auf der Oberfläche bewegt, ist schwindend, die Zukunft allein gehört unseren Ideen." —

Damit wandte er sich ab und wir schieden, aber er und Middendorff blickten uns noch lange nach und grüßten. Auch die Baronin verließen wir denselben Abend vor dem Kurhaus und sie sprach: „Wir werden innig im Gedanken Fröbels verbunden bleiben!" — Als ich Fräulein Liniger gegenüber saß und sie mir vieles von ihrem Leben und Wirken in Russland erzählte, sagte ich: „Ich kann Ihnen nur von einem getreuen Eckhart erzählen und dieser getreue Eckhart ist Friedrich Fröbel!"

10. Die Lehrerversammlung in Gotha.

Wie sollte ich Fröbel sehen? Mit diesem Gedanken betrat ich am 31. Mai 1852 das Coupé, das mich von Eisenach nach Gotha zur dritten allgemeinen Lehrerversammlung führen sollte. Was war nicht alles in der Zwischenzeit geschehen? Eine Fülle von Erlebnissen hatte ich Fröbel mitzuteilen. Von Kassel aus, wohin ich 1850 bei meiner Abreise gewandert war, war ich bald nach der Vaterstadt Göttingen zurückgegangen, um die Vorbereitungen zu einer Übersiedlung nach Hamburg zu bewerkstelligen. Dort hoffte ich für die Fröbelsache weiter wirken zu können. Fröbels Wunsch war es, und er wollte mich mit Empfehlungen austatten. In Kassel hatte ich schon am 15. September 1850 im Kreise des dortigen Frauenvereins über die Fröbelsache gesprochen und bei den drei Vorsteherinnen, den Frauen Schwarzenberg, Eggena, Snell, eine lebendige Teilnahme hierfür gefunden. Damals leitete die Tochter eines angesehenen Kaufmanns, Fräulein Ehlers, den damals im Entstehen begriffenen Kasseler Kindergarten aus Liebe für die Sache unter persönlichen Opfern. Auch die Damen bewiesen lebhafte Begeisterung. Fröbel hatte meine brieflichen Nachrichten mit Wärme aufgenommen.

1852 hätte ich nun freilich nicht so Günstiges berichten können. Der Mehltau der „strafbayren" hatte auch den Kasseler Kindergarten mit in seinen Strudel gerissen, wie er gleichzeitig im fernen Nürnberg dazu geführt hatte, dass man den dortigen Kindergarten durch Polizei und Militär schloss und die Kinder mit Soldaten ihren Eltern zurückbringen ließ. Frau Schwarzenberg musste mit ihrem

Manne, dem Landtagsabgeordneten Philipp Schwarzenberg, in der Schweiz das Asyl suchen.

(Es ist derselbe Schwarzenberg, der vor kurzem in seiner Vaterstadt Kassel zum Reichstagsabgeordneten gewählt wurde.)

Dort fand ich sie noch 1853 in Zürich begeistert, die gleiche Liebe für Fröbel hegen und sie unterstützte mich lebhaft bei meinem Wirken für die Verbreitung dieser Idee. Doch das sollte ja erst später geschehen. Jetzt hatte ich nur den Eindruck, dass eine Fülle redlicher Bestrebungen unter der Ungunst der Verhältnisse keine Frucht getragen hatten.

Auch in Nordhausen, wo ich am 20. Januar 1851 den Kindergarten der Frau Storch mit einer Rede eröffnen half, hatte ebenfalls das Verbot der Polizei den rasch aufblühenden Kindergarten schon nach einem Jahre geschlossen. Das waren trübe Erinnerungen. Dennoch beugten sie weder meinen Mut noch meine Freudigkeit für die Sache. Ich glaubte Fröbel gegenüber dennoch auf das dort Versuchte Hinweisen zu können als ein Zeichen, welche treue und aufopfernde Freundschaft er gefunden habe.

Mit dem Hamburger Plane konnte ja unter solchen ungünstigen öffentlichen Aspekten den Winter nicht vorgegangen werden. Ich war in meiner Heimat geblieben, mit anderen Arbeiten beschäftigt und war im Sommer 1851 wieder in Hannover als Zeitungsschriftsteller tätig unter vielen Kämpfen und Bedrohungen. Da hatte mich die Nachricht von dem Verbote der Fröbelschen Kindergärten im preußischen Staate zuerst getroffen und bei mir die vollste Entrüstung über solche Verkehrtheit erweckt. Ich hatte in der dort vielgelesenen „Zeitung für Norddeutschland" einen diesen Vorgang beleuchtenden Artikel veröffentlicht, den Fröbel mit großer Freude aufnahm.

Er meinte später, als wir in Mariental hierauf zu reden kamen: „Das war eben Recht, dass Sie die Sache mit Humor behandelt haben. So sehr mich damals dieses Verbot schmerzte, so freute mich doch die Art und Weise, wie Sie eben das Absurde desselben aufgezeigt haben." Um dieses zu erklären, möchte ich hinzufügen, dass ich den bekannten aristophanischen Kniff benutzt hatte, die Konsequenzen des Kindergartens, als ungemein gefährliche, aber natürlich in satirischer Weise hinzustellen. Ich hatte eine Versammlung von vierjährigen Kindern geschildert, die eben große politische Aktionen beginnen wollten, hatte hervorgehoben, wie sie mit ihren kleinen hölzernen und bemalten Säbeln heraufzogen gegen das bewaffnete Militär, und wie sämtliche Graubärte von Offizieren Prokope wären, die den Kindern nicht widerstehen könnten, so dass endlich durch diese Kinder die großen Ideale der Kommunisten durchgeführt würden.

„Ja," sagte Fröbel, „wenn es einen nicht um die armen Kinder leidgetan hätte, hätte man über das Unsinnige des Verbotes lachen können." Während bei Fröbel Ende September 1851 die Freunde der Sache tagten und ihre so entscheidenden Entschlüsse fassten, war ich vom Stettiner Gericht vorgeladen, um in einem Pressprozesse Rede und Antwort zu stehen, und hatte es, trotzdem ich im hannoverschen Auslande war, für Pflicht gehalten gehabt, die Ehre des einst unter meiner Redaktion gewesenen Blattes zu verteidigen. Auf dem Wege dahin hatte ich in Nordhausen Freund Pösche aufgesucht und ihm, der zu Fröbel reiste. Grüße an Fröbel mitgegeben.

Dann war der Winter von 1851 auf 1852 gekommen, wo eben die meisten preußischen Kindergärten geschlossen wurden und auch in Bayern mehrere und in Sachsen einer, der von Frau Archivrätin Herz. Alles das nun ging mir im Kopfe umher. Das Drohende der Reaktion und dennoch das Gefühl, dass auch dieser Sturm vorübergehen würde und die Sache dennoch siegreich durchbrechen. Die Einladung, die ich jetzt von Direktor Schulze in Gotha (zurzeit Superintendent in Ohrdrufs), erhalten hatte, war für mich eine Bürgschaft, dass eben, wenn auch in den größeren Staaten damals unsere Bestrebungen verfolgt würden, die kleineren dennoch ein Asyl boten.

Mit der allgemeinen deutschen Lehrerversammlung war ich in den Tagen vom 18.—20. Juli 1851 in Hannover in Beziehung getreten. Dort hatte die zweite Versammlung unter sehr erschwerten Verhältnissen stattgefunden, nachdem die erste 1850 in Hamburg glänzende Erfolge errungen hatte.

Im Sommer 1851 tobte auch in Hannover die Hochflut der Reaktion, und nur etwa 27 Lehrer aus den verschiedenen Gegenden Deutschlands hatten sich dort zusammengefunden, um die Fahne auch im Sturme hochzuhalten, die man ein Jahr vorher so kühn aufgepflanzt hatte. Die hannoversche Polizei schien wahrhaft erschreckt über dieses Ereignis, und die drei Tage hindurch patrouillierten Gendarmen und Polizisten um das Versammlungslokal, um sich zu überzeugen, dass die gefährlichen Herren Lehrer dort noch ihre Sitzung hielten. Die späteren Führer waren auch damals schon am Platze. Direktor Hoffmann aus Hamburg hatte präsidiert, Schulze aus Gotha, Meyer aus Lübeck, Berthelt und Steglich aus Dresden waren es, die damals schon zur Seite standen und später bis in die neueste Zeit bei diesen Bestrebungen ausharrten. Dort hatte ich ebenfalls für Fröbel Zeugnis abgelegt. Man hatte mich von Seiten der hannoverschen Lehrer als Referent „über den Unterricht in den Naturwissenschaften" bestellt, und der Ausgangspunkt meiner Betrachtungen war, dass die Naturwissenschaft zu spät angefangen würde, wenn man sie nach dem Leseunterricht setze. Schon das vierjährige Kind müsse sich mit dem Pflanzenleben beschäftigen und, indem man seiner Freude an Naturerscheinungen Rechnung trage, müsse hierbei die Schärfung der Sinne erfolgen, die Brücke vom Beobachten zum Denken schließen, die ja eben den Grundzug des naturwissenschaftlichen Arbeitens ausmache. —

Dabei gab ich eine Schilderung des Kindergartens und der Fröbelschen Bestrebungen, wie sie aus meiner Begeisterung für die Sache nur quellen konnten und fand sofort auch ein wohlwollendes Entgegenkommen bei den bedeutendsten Leitern der Versammlung.

Berthelt erzählte mir, dass in Dresden schon ein reges Interesse für die dort bestehenden Kindergärten herrsche und Herr Hoffmann zeigte auch schon das Wohlwollen für dieselben, das er ja in späteren Jahren dann kräftig bewährt hat. Darum war es mir wie eine Erquickung nach trüber öder Zeit, als mich Schulzes Brief nach Gotha berief, und als ich sah, dass man auch dort wieder auf meine Weiterführung der Frage über den naturwissenschaftlichen Unterricht mitrechne. Eben ging ich im Kopfe die Grundzüge dessen durch, was ich hier mitzuteilen hatte, als der Ruf: „Station Gotha!" mich aus den Träumen riss. Jetzt, wo wir alle an solche Feste durch langjährige Praxis gewöhnt sind, wo der Festkalender der verschiedenen Wanderversammlungen den ganzen Sommer kaum abzureißen droht, hat man wohl schwerlich eine Ahnung, welcher Art die Gefühle damals waren, als all solche Zusammenkünfte etwas Neues waren. Vier Jahre war es ja erst her, wo 1848 einen freien Verkehr in dieser Richtung erschlossen hatte. —

Vorher waren eben nur die Naturforscher, die seit 1817 auf Okens Anregung hin getagt hatten, und seit 1843 die Philologen es gewesen, die das Vorrecht der Wanderversammlungen hatten. Beide versammelten sich inmitten Septembers. Da hatte 1848 plötzlich einen ungemeinen Veränderungston wachgerufen. Fast alles hatte in diesem und den folgenden Jahre getagt. Parlamente, Vorparlamente, Deputierte und Kondeputierte, Bürger und Arbeiter; aber all das war nur in einem wilden Sturme vorüber geschritten. Fast alle Versammlungen dieser Art waren Arbeitsversammlungen gewesen, die fast jede Minute ihrer Zeit auszunutzen suchten für Debatten und Beschlüsse. Die Lehrerversammlung in Hannover z. B. 1851 hatte an dem ersten Tage vier Sessionen, die eben immer nur durch 1 Stunde oder 1½ Stunde Pause unterbrochen wurden, und die von morgens 8 Uhr bis abends 9 Uhr tagte.

Dass an Vergnügungen dabei kaum zu denken war, dass höchstens nach dem Schlusse der Versammlung ein gemütliches Kneipen im Wirtshause und den Tag nach der Versammlung ein kleiner Spaziergang mit den Zurückgebliebenen unternommen wurde, lag in den damaligen Verhältnissen. Hier in Gotha trat uns aber plötzlich eine ganz veränderte Einrichtung entgegen. Schulze hatte uns das Jahr vorher gesagt: „Im nächsten Jahre kommt zu uns, und Ihr werdet sehen, wie gemächlich sich unter dem Schutze unseres Herzogs unsere Geschäfte werden ordnen lassen."

Gleich beim Eintritt zeigte sich nun, dass ein ganz anderer Charakter der Leitung nun stattfinden würde. Das Komitee, das uns am Bahnhof empfing, und das schon für alle Bedürfnisse der Eintreffenden gesorgt hatte, erinnerte freudig an einen erweiterten geselligen Verkehr, der hier Platz greifen würde. Wir erfuhren bald, dass der allgemein verehrte Direktor Rost, uns allen durch seine griechische Grammatik bekannt, an der Spitze des Lokalkomitees die Ansicht habe, die Lehrerversammlung ähnlich wie die der Philologen und Naturforscher, nur mit weniger öffentlicher Arbeit zu beschäftigen und dabei mehr durch Geselligkeit zum Verkehr der Mitglieder untereinander anzuregen. —

Gleich für den ersten Abend war nach der kurzen Vorversammlung ein gemächliches Zusammensein in den schönen Schützenhaussälen angeordnet. Schon strich nach der Ankunft des Nachmittags traf man sich in einzelnen Gruppen und besprach untereinander die Gegenstände, die die folgenden Tage zum Vortrag kommen sollten. Ein heiteres Frohgefühl beseelte alle. „Wird denn Fröbel kommen?" so musste ich von Neuem fragen. „Diesterweg ist schon da," ward mir zur Antwort, „aber ob Fröbel kommen wird, ist fraglich. Er ist wie jede andere angesehene Kraft der Lehrerwelt brieflich eingeladen worden; aber wie man hört, ist doch wenig Aussicht, dass er kommt."

Mich machte die Sache unruhig, und während der ganzen Nachmittagszeit bot ich alles auf, um Einblick zu gewinnen, ob jene Vermutung richtig sei oder nicht. Am Abend sollte mir endlich Aufschluss werden. Mit Diesterweg, den ich 1849 kennen gelernt hatte, wurde ich bald zusammengeführt. Nach einigen kurzen Gesprächen kamen wir auch auf Fröbel, und Diesterweg bezeichnete klar den Grund: „Fröbel," meinte er, „will wahrscheinlich deshalb nicht kommen, weil er glaubt, man könne es den Lehrern übel nehmen, dass sie ihm, dessen Kindergartensache verboten sei, noch hören wollten. Einfach, er will die Versammlung nicht in Verlegenheit bringen, betrachtet die Einladung höchstens als ein Höflichkeitszeichen, und hält sich deshalb zunächst zurück." —

„Aber sollen wir es dabei belassen," meinte ich lebhaft, „wenn Fröbel so fein empfindend ist, so muss die Lehrerversammlung ihm ebenfalls hierin gleich zu kommen suchen. Wir brauchen uns vor keiner Verfolgung zu fürchten; ein Kreis, in den Sie eintreten, den ja auch die Regierung nun seit Jahren aus seiner Stellung gedrängt hat, besagt ganz offen damit, dass er die Ideen der Zukunft hoch hält, wenn ihn auch Dekrete hart bedrängen. Ich denke, gerade deshalb, weil Fröbel so zartfühlend ist, nicht gleich auf eine erste Einladung zu kommen, gilt es, ihn durch eine zweite, wärmer gehaltene Einladung aufzufordern, und zwar durch eine Einladung, die nun womöglich von der ganzen Versammlung ausgeht."

Diesterweg meinte, „es stimme dieses auch mit seinem Gefühle ganz überein; aber die praktische Durchführung möchte doch geschäftliche Schwierigkeiten bieten. Die Einladung von der Versammlung im Ganzen sei ein schwerer Beschluss, der nach vielen Seiten hin Anstoß erregen könne, und da noch manche Mitglieder hier in der Versammlung — und sein Blick streifte dabei einige Häupter, die auch in der Nähe saßen — sein könnten, denen dies nicht angenehm wäre. Aber," meinte er, „was die Versammlung nicht im Ganzen tun kann, können ja Einzelne tun." Ich verstand diesen Wink, hielt es aber doch für geraten, noch folgende Frage an Diesterweg zu richten: „Aber, warum tun Sie denn das nicht, oder irgendein Mitglied des Vorstandes?"

Diesterweg lächelte. „Möglicherweise möchte, wenn er eine solche Einladung erhielte, auch das noch angezweifelt werden. Bester, wenn es mehrere tun, und aus der Versammlung. Ich kann Ihnen nur sagen, wenn aus der Versammlung eine Einladung erfolgt, so werden ihr Unterschriften nicht entgehen." — Sogleich an diesem Abende suchte ich die Sache in Anregung zu bringen; doch fanden sich noch manche Bedenklichkeiten vor, und ich entschloss mich, daher erst auf dem Zuhausewege einige der mir schon bekannt gewordenen Mitglieder für diese Angelegenheit zu gewinnen.

Auch den ganzen folgenden Morgen während der Debatten beschäftigte ich mich lebhaft in den Zwischenpausen mit vorberatenden Besprechungen. Doch auch da wollte es anfänglich nicht gelingen, eine größere Anzahl für diesen Gedanken zu interessieren. Während der Frühstückspause klagte ich Diesterweg abermals meine Not. „Ja, es will keiner der Katze die Schelle anhängen," meinte Diesterweg. „Nun, wenn's denn keiner tun will, so will ich es versuchen," worauf Diesterweg mir freundlich nickte. Ich stellte darauf sofort nach Wiederbeginn der Sitzung eine Interpellation an den Vorstand: „ob denn Fröbel geladen sei und warum er nicht komme?" Schulze beantwortete dann die erste Frage mit dem, was ich schon früher erfahren hatte, dass ein Schreiben abgegangen sei; für das Zweite dagegen wisse er nichts zu antworten. Ich sprach daraufhin die Vermutung aus, die mir Diesterweg mitgeteilt hatte und den Wunsch, dass eben entweder die Versammlung im Ganzen oder wenigstens diejenigen, die sich für Fröbel interessieren, diese Einladung wiederholen möchten.

Da auch in der Versammlung Einwendungen gegen einen darauf zielenden allgemeinen Beschluss sich geltend machten, so erklärte ich denn, keinen derartigen Antrag einbringen zu wollen, dagegen aber nun ein Einladungsschreiben an Fröbel auslegen würde, um besten Unterzeichnung ich bäte. — Nachdem nun die Versammlung geschlossen war, kam einer der Schriftführer auf mich zu und bot mir sein Zimmer an, das dort in der Nähe sei, um da das Einladungsschreiben in Ruhe aufzusetzen. Er stellte sich mir als der Bürgerschullehrer Köhler aus Gotha vor. Auf dem Wege dahin sprachen wir manches über Fröbel. Köhler hatte noch manche Bedenken, wie sie damals geläufig waren doch erfreute mich's, als er erklärte, er wolle sich ebenfalls gleich mit unterschreiben; denn möge nun Fröbel Recht oder Unrecht haben, es sei ein neuer Weg in der Erziehung eingeschlagen, und er halte es für seine Pflicht, der Lehrerschaft bei dieser Versammlung Gelegenheit zu bieten, sich über diese Frage zu instruieren.

Während des Tisches kursierte nun das Schreiben. Gleich nach meinem und Köhlers Namen trug sich Diesterweg, dann Hoffmann, Schulze usw. ein, sodass, als ich nach Schluss der Tafel den Brief zur Post gab, wohl 27 Unterschriften von der etwa sechzig Mitglieder zählenden Versammlung vorhanden waren. Mit großer Spannung hoffte ich den folgenden Tag auf Nachricht. Erst am dritten und letzten Tage sollte sie mir freudig zu Teil werden.

In der Zwischenzeit waren aber manche neue interessante Plänkeleien und Vorspiele schon vorgekommen. Schon am 1. Versammlungstage, den 1. Juni, hatte mir die Debatte Veranlassung gegeben, auf die Ausbildung der Sinne einzugehen und die Bedeutung der Fröbelschen Spiele nach dieser Seite hin ins hellste Licht zu setzen. Da ich auch Rousseau mit herangezogen hatte, so schien das einigen Mitgliedern der Gesellschaft, insbesondere dem Pastor P.......... etwas sehr verfänglich und des Mittags kam ein Toast von dessen Seite, etwa des Inhaltes: Man habe so viel von äußerer Anschauung gesprochen und ganz die innere Anschauung vergessen. Diese wurde nun eben in großer Weitläufigkeit beleuchtet und schließlich dazu benutzt, um einen der dortigen Herren Konsistorialräte als Muster dieses für innere Anschauung begeisterten Mannes der Versammlung durch einen Toast zu feiern.

Da diese lokale Größe sehr beliebt war, so fand es auch allgemein Anklang. Aber ich ließ mich dadurch nicht beirren. Gerade dem guten Manne zum Trotze brachte ich nun einen Toast auf Fröbel aus, der eben von Pestalozzi, dem Manne der äußeren Anschauung, zu der wahren inneren Vorstellung, zu dem Vorstellung-Vermögen und der Fantasie geführt habe. Jede innere Anschauung, die eben nicht von der äußeren Anschauung ausginge, könne, da sie nicht das Äußere veranschaulicht habe, ihre Innerlichkeit nicht wieder in das Äußere heraustreten lassen, könne also nicht von Fantasie zum Wollen schreiten. Nur derjenige, der die innere Anschauung entnähme von der äußern Anregung, könne von innen heraus auch wollen, und darum lebe Fröbel, der wahrhafte Verklärer der inneren Anschauung.

Ich hatte die Freude, dass doch ein großer Teil der Versammlung mit mir einverstanden schien, wenngleich wieder andere diesen Gegensatz zu erdrücken suchten. Am folgenden Tage, am 2. Juni, sollten die Gegensätze noch schärfer aufeinander platzen. Diesterweg hatte über die deutsche Nationalerziehung ein großartiges Referat gehalten, hatte vor allem die Frauen aufgerufen, die Jugend im nationalen Sinne auszubilden, und hatte bei dieser Gelegenheit ausgeführt, wie die Frauen einer wahrhaft nationalen Bildung, die ja eben aus dem Anschluss an das heimische Lied, Sage hervorgehe und die heimische Sitte und Geschichte anschließe, Vorschub leisten könnten. Dass dies leider von so wenig Frauen geschehe, wäre freilich zu beklagen. Es ließe sich auch über die Ursachen dieses Vorgangs wohl sprechen, aber die Galanterie läge ihm hierbei Schweigen auf, weil sich in der Versammlung zu seiner Freude ja auch Frauen befänden; diesen wolle er nur die Anregung geben, was sie zu tun hätten, nicht aber durch Anklagen gegen die Mitglieder ihres Geschlechtes beirren. —

Mich veranlasste gerade diese eben erwähnte Stelle ums Wort zu bitten. In der Versammlung, wusste ich, waren nur Damen, die eben auch ein kräftiges Wort der Wahrheit liebten. Es waren die aus den früheren Mitteilungen schon bekannte Frau Herold, Gothaer Kindergärtnerin, wie die Erfurter, Fräulein Michaelis, die dazu herübergekommen war; außerdem die Gattinnen verschiedener Lehrer, Frau Rost und Frau Wüstemann gegenwärtig. Mit Fräulein Michaelis, die ihren Kindergarten damals unter schweren Umständen trotz des preußischen Verbotes unter veränderten Namen fortführte, hatte ich gerade den Tag vorher über viele Übelstände bei den Frauen gesprochen. Sie hatte mir geklagt, welche verschiedenen Zumutungen nicht bloß von den Regierungsmitgliedern, die ja wohlwollend waren und sie schützen wollten, darum nur die Veränderungen forderten, die es ihr ermöglichen sollten, ihren Kindergarten zu erhalten; sondern noch weit mehr von den Müttern, die oft ganz verkehrte Ansprüche an Kindergärten erhöben, in den Weg gelegt würden. Gerade das veranlasste mich, nun auch die Kehrseiten zu dem Diesterwegschen Bilde hinzustellen. Ich sprach davon, wie in England die Mütter schon früh nationalen Sinn anregen, kam dabei auf meine treffliche Schwägerin zu reden, mit der Fröbel seit Oktober 1850 in fortdauerndem Briefwechsel stand, und die, obgleich geborene Engländerin, gerade für den deutsch-nationalen Sinn ihrer Kinder, nachdem sie sich in Deutschland hinein verheiratet habe, lebhaft wirke.

Dann ging ich auf diejenige philisterhafte Richtung ein, die bei uns der Verwirklichung solcher hohen und edlen Ziele, wie sie Diesterweg gezeichnet habe, im Wege stände. — Da hatte ich abermals in ein Wespennest gestochen. Nun erhob sich der Pfarrer P... und klagte mich an, ich hätte das deutsche Weib beleidigen wollen, zählte alle trefflichen Mütter auf, die von jeher in Deutschland existiert hatten und suchte die dort versammelte Damenwelt völlig gegen mich aufzuregen, weil ich ihr Geschlecht im Ganzen beleidigt hätte. Doch auch diesmal war der Pfeil vergeblich verschossen, die vorwaltende Stimmung in der Versammlung blieb der von mir vertretenen Richtung zugetan, und Frau Herold meinte: „Mögen die Frauen sich beleidigt fühlen, die den geäußerten Tadel verdienen. Wir hier alle fühlen uns frei davon, und darum ist es uns recht, dass denen, die in nicht genügender Weise wirken, das tadelnde Wort nicht entzogen bleibt."

Am Abend desselben Tages, bei der gemächlichen Versammlung, sollte ich aber doch von einer befreundeten Seite einem lebhaften Wortkampfe ausgesetzt werden. Es richtete sich dieser Kampf nicht gegen den eigentlichen Inhalt meines Vortrages, sondern gegen ein paar einleitende Worte, die ich vorangeschickt hatte. Ich hatte nämlich an Diesterweg scherzend gerügt, dass er aus Galanterie schweige und hatte eben eine solche Galanterie nicht am Platze gefunden. Vielfach würde im Verhältnis der Männer zum weiblichen Geschlechte, wie wieder seitens des weiblichen Geschlechtes gegen das männliche darin gefehlt, dass man mit der Wahrheit hinterm Berge halte. Gerade die Galanterie im gewöhnlichen Sinne eben sei hieran schuld. Dann hatte ich eine kleine historische Exkursion angefügt, wie eben die Galanterie aus den Ideen der Minnezeit entsprang, aber am burgundischen Hofe entstellt wurde und den wahren Inhalt verloren hatte. Dieses Letztere hatte ein junger, schwärmerischer Lehrer Löwen heim (später Redakteur der Eisenacher Zeitung), übel genommen.

Voll jugendlich glühendem Eifer für die Galanterie, benutzte er die gesellige Unterhaltung, um eine begeisterte Lobrede für die Galanterie zu halten, die er selbst für eine Dame erklärte, und für die er bereit sei, als deren werter Ritter, den Kampf aufzunehmen zu Pferd oder zu Fuß. Damit hatte er den humoristischen Angriff geschlossen. Ich hielt es für die Sache förderlich, auch dessen Fehdehandschuh aufzunehmen und erklärte nun, wenn Herr Löwenheim die Dame Galanterie als die Seinige erwählt hätte, so würde ich die Dame Wahrheit für die Meinige nehmen und ebenfalls das Turnier zu bestehen suchen. Die Gesellschaft ging heiter darauf ein. Man bestellte Kampfrichter und der Abend verging unter fortwährenden humoristischen Anspielungen kämpfend und gegensetzend, in die sich auch die andern mit hineinmischten, und die eine frohe, heitere Stimmung wach riefen. Dennoch hatte ich dabei scharfen Kämpfen Stand zu halten; denn die Gegner, obgleich vielleicht im Inneren mit Vielem, was ich aussprach, einverstanden, suchten mir doch, wie man sagt, das Leben recht sauer zu machen.

Fast jede Behauptung wurde angegriffen; fast jeder irgend plausibel scheinbare Vorwand wurde benutzt; kurz: es war eben ein heiteres übermütiges Spiel, bei dem es weniger auf Wahrheit, als auf Herausfordern des Scharfsinnes ankam. Natürlich merkte ich bald, welche Waffen hier gebraucht werden konnten und welche nicht, und ging mit in den Humor ein, scheute auch nicht die tollsten Paradoxen zu gebrauchen, sodass ich wenigstens nicht vollständig tot vom Schlachtfelde hinweggetragen zu werden brauchte.

Unter solch heiterer Stimmung war nun Donnerstag, der 3. Juni und letzte Tag der Versammlung herangekommen, und mir war an diesem Tage die Aufgabe zugefallen, im Anschluss an die in Hannover angenommenen Thesen über den naturwissenschaftlichen Unterricht, die das Allgemeinere herausstellten, nunmehr ins Einzelne zu gehen und den Lehrstoff, die Methodik und den Einfluss des naturwissenschaftlichen Unterrichtes für die verschiedenen Altersstufen auszusprechen. Während ich eben im Vortrage begriffen bin, sah ich, dass sich die Tür öffnet, einige von dem Vorstande Leute hereingeleiten. Lebhaft mit der Entwicklung meines Gegenstandes beschäftigt, wende ich etwas auf die andere Seite und schaue nicht auf die Eingetretenen. Als ich bald darauf bei der Schilderung der Wirkung der Kindermädchen auf die Kinder selbst aufschaue und eben dazu übergehen will, auch von den Einrichtungen dieser Art in Keilhau zu sprechen, schaue ich hin, und wer sitzt mir gegenüber? — Herr und Frau Fröbel, die mittlerweile eingetreten waren.

Eine große Freude, der sich doch eigentümliche Befangenheit beimischte, ergriff mich. Es drängte mich, mit meinen Mitteilungen bald zu Ende zu eilen, um den werten Meister begrüßen zu können. Nur in großen Umrissen vollendete ich meine Mitteilungen und schloss dann mit Hinblick darauf, dass eben durch die

Naturwissenschaft ein Weg für die Bildung eröffnet sei, auf dem es jetzt fortzuschreiten gelte. Diesterweg ergriff nun das Wort. Anschließend an meine Rede, kam er auf die Bedeutung Fröbels, der ja eben selbst als geistvoller Naturforscher begonnen habe und der von seinem 25. Lebensjahre ab sich fortwährend der Lehrtätigkeit gewidmet habe, und diese bis in das vorschulpflichtige Alter hinaus, ja bis zu den ersten Tagen der Mutter zurückgeführt habe.

Gerade in Fröbel läge der wahre Ausgangspunkt für diese Idee, und es sei daher gut, dass eben dieser hochbewährte Mann in die Versammlung getreten sei, um selbst seine Anschauungen darüber kund zu geben. Während der Rede Diesterwegs hatte ich mit Fröbel und den Seinen, dann auch mit Frau Direktor Marquardt und den übrigen Kindergärtnerinnen, die hergekommen waren, einige Worte gewechselt und ihnen mitgeteilt, dass schon am Tage vorher die Verabredung getroffen sei, dass, wenn er käme, in dem Kindergarten der Frau Herold an diesem Tage Demonstrationen stattfinden könnten.

Das erfreute unsern alten Meister recht. Man sah ihm das Wohlige im Gesicht an. — Er sagte: „Das ist auch das Beste. Viel und lange darüber reden mag ich nicht. Es ist am besten, wenn ich den Leuten den Kindergarten zeige und dort dabei spreche." Dennoch ergriff er nach Diesterwegs Rede das Wort und legte in kurzen Zügen, aber mit Worten, die tief ins Herz einschnitten, dasjenige dar, was ihn dazu geführt habe, den Kindergarten als Vorschule zu begründen.

Er schilderte lebhaft die Schwierigkeiten, mit denen das Kind in der ersten Zeit zu ringen habe, ehe es sich klare Bilder schaffe; wie man diesem Streben zu Hilfe kommen müsse; was die Aufgabe einer wahren Erziehung endlich sei; kam auf das Verhältnis von der Mutter als erste Erzieherin und von der späteren Hilfe, die teils in der Familie und dann in öffentlichen Anstalten gegeben wären; schilderte den grellen Gegensatz zwischen der Erziehung im Hause und zwischen dem, was in der Schule gefordert würde; betonte, wie notwendig deshalb ein Zwischeninstitut sei, das die Vorzüge der häuslichen Erziehung mit herübernehme in das gemeinsame Leben der Kinder. Als er nun schließlich mit der vollsten Wärme darauf einging, auf die Segnungen, die der Kindergarten schon gebracht hatte, da wurden alle gerührt und mit fortgerissen, und warme Teilnahme gab sich unter den versammelten Lehrern kund.

An eine regelrechte Debatte war kaum mehr zu denken. Nur einige wenige Lehrer baten nun noch um das Wort, aber meistens, um sich anzuschließen an das bisher Geäußerte. Über den naturwissenschaftlichen Unterricht wurde nur noch wenig gesagt. Mehr beschäftigte schon Fröbel; aber auch hier war eben nur Anerkennung und gemeinsame Teilnahme. Die von mir gestellten Thesen wurden angenommen und die Versammlung geschlossen, nachdem vorher verkündet worden, dass man etwa eine Stunde später sich im Kindergarten der Frau Herold einfinden sollte, wo eben die Spielübungen der Kinder stattfinden sollten und auch Fröbel noch Einiges hinzufügen werde.

Für mich trat nun ein unruhiger, aufregungsvoller Nachmittag ein. Von eine Menge Lehrer wurde ich interpelliert über dies und jenes; hatte den verschiedensten Fragen über Bedeutung, Zweck, über Einrichtung, über Unterschied von Bewahranstalten Rede zu stehen, und es kostete mir ordentlich Mühe, mich von den Gruppen, die draußen vor dem Schützenhause auf dem schönen Platze waren, wo wir hin und her promenierten, loszureißen, um nur einige Momente der Ruhe zu gewinnen, bis ich in den Kindergarten konnte. Die Vorgänge hier sind so trefflich von Diesterweg geschildert, und wenn ich nicht irre, in dessen Lebensbeschreibung von Langenberg ausgenommen, dass ich es nicht für nötig halte, sie noch einmal im Einzelnen zu wiederholen. Frau Herold hatte sich redlich Mühe gegeben, eine schöne und ansprechende Reihe von Spielen auszustellen, die Gelegenheit bieten konnten, alle Seiten der Fröbelschen Ideen und ihrer Mittel ins günstigste Licht zu setzen.

Fräulein Michaelis war an ihre Seite getreten und die 12jährige kleine Ida Busch, die später in Gotha als so bedeutende Kindergärtnerin wirken sollte, und die damals schon immer im Kindergarten der Herold, die bei ihrer Mutter im Hause wohnte, mitwirkte, trat ebenfalls helfend ein. Aber Fröbels Begeisterung ließ das Programm fast nur zum Viertel durchführen. Schon nach dem 5. oder 6. Spiele erging er sich in Mitteilungen über Benutzen dieser oder jener Übung, und fragte dann die Kinder, was sie am liebsten spielen wollten. Die Damen waren dadurch anfänglich etwas verlegen, sahen aber auch, wie der bewältigende Geist des Meisters Lust und Liebe in ihre Kinder gebracht hatte, und in richtiger Einsicht dessen, dass es ja hier weniger darauf ankäme, ihre kindergärtnerische Tätigkeit in den Vordergrund zu stellen, als vielmehr den Meister selbst wirken zu lassen, resignierten sie hierauf, den vorbereitenden Plan darauf durchzuführen. Fröbel wurde immer lebhafter. Die Kinder hatten das Gewitter spielen wollen, und er hatte natürlich eingewilligt und trommelte selbst, an den Tisch sich setzend, gemeinsam mit den Kindern. Dazu rümpften doch einige der älteren Herren Lehrer ihre hochweisen Nasen. Auch einige Mitteilungen schienen Diesem oder Jenem über den Horizont zu gehen. Diesterweg schien das zu bemerken, und da stellte er sich wieder in gewohnter Weise vor die Bresche.

In einem ganz vortrefflichen Vortrage fasste er die Grundideen zusammen, knüpfte an das an, was Fröbel gesagt hatte und an das von ihm selbst am

Morgen Kundgegebene, dadurch ein zusammenhängendes Bild von den ganzen großen Aufgaben schaffend, die den Meister vorschwebten. Als er nun geschlossen hatte, war alles wieder tief ergriffen. „Nur noch ein paar Spiele," sagte Diesterweg, „und dann wollen wir uns bis auf heute Abend trennen, damit jeder den Eindruck innerlich verarbeiten kann dessen, was wir gesehen haben." Das fand nun auch statt. Die Kinder schieden mit dem Abschiedsliedchen, und händedrückend nahte sich so Mancher Fröbel jetzt, der vorher ihm noch fern gestanden. Wieder und wieder hallte das Gespräch fort, und als man sich trennte, um in kleineren Gruppen die Umgegend Gothas zu durchschweifen, da rief man sich zu: „Heute Abend im Fröbelkränzchen!"

Abends 7 Uhr begegnete mir Fröbel mit seiner Frau und einem Kreis Gothaer Freunde auf dem Wege nach dem Schützenhause. Er war den Nachmittag bei Wüstemanns gewesen und hatte dort mit viel angesehenen Leuten des Ortes verkehrt, die jetzt noch wärmer für die Fröbelsache geworden. Herzlich war seine Begrüßung. Er bedauerte es, dass ich nicht früher wieder nach Liebenstein gekommen sei, und dass ich das Jahr vorher bei der Versammlung gefehlt hätte. „Ja, Sie mussten sich vor den Geschworenen verteidigen," fügte er lächelnd hinzu, „und hatten doch nachher noch, wie Sie mir schrieben, viele Last bei der Rückreise aus Preußen. Man fürchtete Sie wohl als besonders gefährlich?" — „Das eben nicht," meinte ich, „aber es ist ja jetzt im Allgemeinen so die Verfolgungsepidemie eingerissen, und da gehöre ich nun einmal unter Diejenigen, denen man nachstellt. Das lässt sich nicht ändern." — „Aber jetzt werden Sie doch nach Liebenstein kommen? Wir haben Vielerlei zu besprechen. Sie müssen mir von Kassel und Nord erzählen. In Ihren Briefen ist alles nur so kurz gewesen." Ich entschuldigte das mit den mannigfachen anderen Tätigkeiten, die mich aufgehalten hatten, und meinte schließlich: „Wenn auch unsere beiderseitige Korrespondenz nicht so lebhaft gewesen wäre, wie ich es gewünscht hätte, so hat ja meine Schwägerin so oft an Sie geschrieben und auch Sie haben ihre Briefe so oft erwidert."

„Ja," meinte Fröbel, „die Mitteilungen Ihrer Schwägerin haben mir immer große Freude gemacht. Im ganzen Laufe meines Lebens habe ich mir oft gewünscht, einen rechten Einblick in die erzieherischen Grundsätze bei den Engländern zu gewinnen, und gerade das nun taten in den letzten Jahren die Briefe Ihrer Schwägerin. Die Auffassungsweise der Beziehungen, ihre Fragen, die sie an mich richtet, die Mitteilungen, die sie macht, all das erinnert an so Vieles, was ich einst früher durchdacht und durchgesprochen habe, als in Keilhau von den jüngeren Lehrern Locke getrieben und darüber gesprochen wurde. Ja, in der Krauseschen Zeit mit Frankenberg und später in Leipzig mit Gesell haben wir oft über solche Gegenstände gesprochen. Grüßen Sie Ihre Frau Schwägerin und sie möchte mir bald wieder schreiben." Ich kam dann darauf zu reden, dass ich in der Zwischenzeit Vorstudien zu einer deutschen Geschichte und später zur Behandlung Lessings gemacht habe. Auch hierüber ließ sich Fröbel sehr lebhaft aus. „Ja, über Lessing müssen Sie mir in Liebenstein aber noch mehreres sagen. Gerade das, was Sie in Ihren Mitteilungen über das Drama, die Sie vor 7/4 Jahren uns machten, hervorgehoben, hat mich da oft beschäftigt.

Dass ein Zusammenhang zwischen Lessings kunstphilosophischen Arbeiten und seinen religiösen Ideen ist, lag mir auch immer nahe; aber dennoch überraschte mich dasjenige, was Sie über den Natan sagten. Sie müssen, wenn Sie in Liebenstein nachher zu uns kommen, noch einmal über Lessing ausführlich sprechen." Natürlich war ich dazu gern bereit und freute mich schon lebhaft darauf. Denn ich ahnte nicht, dass eben das Geschick mir nur noch einmal die Gegenwart Fröbels gestatten würde. Allmählich kamen wir dem Versammlungssaale immer näher, und bald kamen uns auch die Mitglieder entgegen. Löwenheim rief mir zu: „setzen wir heute das Turnier fort?" Doch Frau Wüstemann, die mittlerweile sich dem Kreise angeschlossen hatte, meinte: „Wir müssen doch heute Abend dem Fröbel zu Ehren ernster unsere Haltung annehmen. Wie wäre es, wenn eben über die Ausbildung der Frauen zu ihrem Berufe heute gesprochen würde?"

Der Gedanke fand Anklang. Bald kam auch Diesterweg hinzu. Das Gespräch kam auf die Vorgänge der vorigen Tage, und dass ich vorher von I... als Frauenfeind angeklagt sei. Fröbel fand dies höchst spaßhaft und meinte: „man würde mir eher zu viel Frauenfreundschaft vorwerfen können." Die hinzugetretenen Damen spannen dieses Thema weiter und meinten: es wäre vielleicht am besten, wenn man dem Weiberfeinde Benfey ein Patent von den hier versammelten Frauen ausstellte, durch die Welt zu reisen und Weiberfeindschaft zu predigen. Der Scherz fand Anklang, und einige Wochen später wurde mir noch auf der Reise ein derartig ausgefertigtes Patent nachgeschickt, das ich lange Zeit besessen habe. Leider sind alle diese Reliquien und auch mein Briefwechsel mit Fröbel mir bei einer späteren Reise verloren gegangen. Dagegen ist Fröbels Briefwechsel mit meiner Schwägerin erhalten, und die Abschriften dieser Briefe sind jetzt in Direktor Hanschmanns Besitz, der sie später zu veröffentlichen gedenkt.

Das Fröbel-Kränzchen sollte eröffnet werden. Man beriet über den Vorsitzenden. Fröbel wies den Vorsitz ab, weil er selbst in der Debatte mitsprechen wolle. Ebenso Diesterweg. Auch die sonstigen Herren vom Vorstände erklärten, sie hätten heute in der Versammlung nun genug präsidiert und wünschten, dass ein anderer an der Reihe sei. Man schob mir endlich dieses Präsidium zu, um, wie Frau Wüstemann hinzufügte, mich auf dem Präsidentenstuhle sicher zu stellen vor den Angriffen der Turnierenden, dass ich das deutsche Weib befeindete und die Galanterie nicht wollte gelten lassen.

Die Debatte jenes Abends bewegte sich hauptsächlich in Untersuchung der Mängel des dermaligen Mädchenschulunterrichtes, und wurden sowohl von Diesterweg als auch von Fröbel eine Reihe der interessantesten Mitteilungen gemacht. Diesterweg war insbesondere an diesem Abend sehr anregend. Er sprach meistens nur in kurzen Sätzen, scharfe Wendungen in die Debatte werfend. Fröbel wurde schon ausführlicher. Vor allem hätte man gern gesehen, wenn die Damen gesprochen hätten. Man wusste, dass bei der Versammlung in Liebenstein Frau Fröbel sehr anregende Mitteilungen gemacht hatte. Zwei Lehrer aus Korbach, im Waldeckschen, drängten vor allem dazu, dass man die Damen zu sprechen veranlassen sollte, und ich hatte als Präsident ungemein Mühe, immer die Debatte so zu lenken, dass ich womöglich Fragen an die Damen richten konnte.

Frau Fröbel, sowohl als auch Frau Marquart teilten auch Vieles aus ihrer Wirksamkeit mit. Eine klar fesselnde Darstellung des Einflusses der Spiele auf Kinder, die bis dahin., solche Übungen nicht kannten, gab Frau Fröbel, anknüpfend an ihre frühere Wirksamkeit im Holsteinischen. Die Frau Marquart erzählte, unter welchen schwierigen Verhältnissen ihr Mann seine Tätigkeit begonnen habe, zuerst mit 26 Kindern in Fröbel scher Weise verkehrend im Hause. Einen lebhaften freudigen Eindruck hinterließ auch diese Versammlung, und als wir am Abend voneinander schieden, da reichte mir Fröbel die Hand und sagte: „Wann kommen Sie denn nach Liebenstein?" — „Bis spätestens Sonntagmittag bin ich dort." — „Nun, dann auf ein freudiges Zusammensein in Mariental, und auf ein lebhaftes Durchsprechen der Ideen — wollen wir uns nochmals die Hand reichen."

So schloss die schöne, tiefanregende Lehrerversammlung. Ein entscheidender Schritt war getan. Fröbel hatte vor dieser Versammlung gesprochen, und es war festgesetzt, dass im nächsten Jahre die ganze Bedeutung der Fröbelschen Lehre zur Verhandlung und Debatte kommen sollte. Damals hoffte man, Fröbel würde selbst an dieser Versammlung teilnehmen. Das Geschick fügte es anders. Bei der vierten Lehrerversammlung in Salzungen 1853 mussten Middendorff und Diesterweg für den verstorbenen Freund sprechen, und bei späteren Versammlungen fehlten dann auch diese Beiden — Middendorff im Tode dem Freunde gefolgt, Diesterweg durch die in immer weitere Schichten sich verbreitende Reaktion von da ab auch von der Lehrerversammlung geschieden.

11. Abermals in Liebenstein.

„Waren Sie bei Lenz?" — so fragte mich Fröbel, als ich Sonntag, den 6. Juni 1852, in früher Morgenstunde sein Arbeitszimmer betrat, von Ruhla kommend, wo mein letztes Nachtlager stattgefunden hatte. „Ja, ich habe den Reiseplan ausgeführt, wie ich ihn mit Ihnen besprochen hatte. Freitag habe ich noch in Gotha mit so manchem Lehrer verkehrt und die Eindrücke der Versammlung besprochen, dann Zeitungsberichte über unsere Versammlung fertig gemacht und bin dann des Abends nach Schnepfental gewandert. Hier habe ich Aufnahme beim Direktor Ausfeld gefunden, der ja in Gotha auch an unserer Versammlung teilgenommen hat. Mit ihm plauderte ich den Abend, blieb die Nacht in dem nahen Dorfe, und gestern habe ich den ganzen Morgen und alsdann bis in den Nachmittag mit Lenz verkehrt; habe seine Sammlungen gesehen, über seine wichtigsten Arbeiten und über Lehrpläne gesprochen." — „Nun, was halten Sie davon? Ist es nicht ein bedeutender Mann?" Ich stimmte natürlich mit ein. „Ja," meinte Fröbel, „nicht umsonst sind seine naturgeschichtlichen Werke bedeutungsvoll geworden." —

„Was mich am meisten interessiert hat," meinte ich, „war die Art und Weise, wie er beim Unterrichte das Technologische in Beziehung zu setzen weiß mit den Naturwissenschaften, mit den echt wissenschaftlichen Grundgesetzen der Naturwissenschaft." — „Das ist es ja gerade, worin mir der Mann so nahe steht. Er ist einer von den wenigen Lehrern, die die Bedürfnisse der Jugend verstehen. Das Kind will nicht von vornherein mit zu vielen Einzelheiten in die natur-wissenschaftliche Anschauung eingeführt werden, sondern es will vor allem die Fragen beantwortet wissen, die direkt mit dem Leben Zusammenhängen.

Man höre nur, wie die Kinder sich fragend an die Großen wenden. Bald wollen sie wissen, was der Handwerker schafft: Papa, macht der Tischler auch bloß Tische? Wer macht denn die Stühle?' Das Kind möchte über alle-, was mit ihm in Berührung kommt, einen erweiterten Blick gewinnen. In der Zeit zwischen dem 6. und 10. Jahre da genügt es nicht mehr, dass man erfährt, dass das Brot aus der Kornfrucht bereitet wird; da will man jede Zwischenstufe womöglich genau kennen, wie es der Müller einrichtet etc. Mit Staunen betrachtet jedes Kindchen die einzelnen Werkzeuge der Mühle, wenn sie ihm gezeigt werden. Die Räder interessieren es besonders. Hier in Thüringen baut sich fast jedes Kind eine kleine Radwelle und stellt sie im Bache auf. Führte man solche Modelle weiter, so würde auch hier der Eindruck mächtig auf das Kind zurückwirken. Da müsste die Naturwissenschaft einsetzen.

Von hier aus müssten die eigentlichen Belehrungen ausgehen. Wenn wir mit den Kindern anfangen wollen, wie es in meiner Jugend geschah, mit Aufzählen bald heimischer, bald auswärtiger Pflanzen, ja da verlieren sie die Geduld. Das Kind kommt nicht dazu, Verhältnis von Knospe, Blatt und Blüte genau zu betrachten. Es wird mit Allgemeinheiten gefüttert, statt mit Einzelheiten. Dieselben Schwierigkeiten sind in der Physik. Nicht mit den allgemeinen Eigenschaften will das Kind unterhalten sein, auch nicht mit den einzelnen Experimenten; sondern der Punkt muss getroffen werden, wo es ins Leben greift."

Wir hatten schon diese und ähnliche Fragen bei meinem früheren Aufenthalte gelegentlich berührt Ich erinnerte ihn daran und an das, was er mir damals gesagt hatte, dass Anschauungen, die das Kinderleben beschäftigen, vor allem in den Vordergrund des Unterrichtes gestellt werden müssen, und dass von diesen aus vorgedrungen werden müsse in die Wissenschaften selbst. Er knüpfte wieder daran an. „Ha", sagte er, „ich glaube die Erscheinungen getroffen zu haben, von denen der Lehrende der Kinderwelt gegenüber ausgehen muss. Wenn das Kind im Kindergarten vorher den Verlauf des Lebens der Pflanze von ihrem ersten Einsenken bis zur vollständig reifenden Frucht beobachtet hat, so hat es einen festwurzelnden Eindruck, der im Gemüte hasten bleibt.

Von nun an kann man sicher mit ihm in der Botanik fortgehen, denn alle Kenntnisse, die sich jetzt anlegen, werden immer und immer mit dieser ursprünglichen Anschauung im Einklänge sein und diese erweitern. Hat das Kind an der so leicht und so genau zu beobachtenden Bohne den ganzen Vorgang des Keimens allmählich betrachtet; hat es dann von jeglichem Blättchen an, das Aufsteigen der Pflanze, die verschiedene Blattform, sowohl in der Knospe ruhend, als später aus der Knospe sich entfaltend, beobachten können; hat es sinnig an derselben Pflanze allmählich Blüten sich erschließen und dann abfallen und nachher daraus Früchte entstehen sehen und alles dieses, schon vorahnend, bei mehreren Pflanzen betrachtet, so ist das lebendige Bild der Pflanze da und mit ihm ein entscheidender Einblick für alles gewonnen. Von nun an wird jegliche neue Anschauung sich an dieses anlehnen. Für das Tierleben gibt es keine passendere Einführung als die Beobachtung der Verpuppung."

„Darin haben Sie Recht," erwiderte ich. „Das habe ich auch von Jugend auf gefühlt. In meinem achten Jahre hatte unser Vater einen großen Garten gekauft, worin ich im Sommer nach beendigtem Unterricht immer hin pilgerte. Denn hinter unserem Wohnhause war er nicht, sondern am Ende der Stadt hinter einem Hause, das wir wohl mitgekauft, aber vermietet hatten. In diesem Garten war es für mich hohe Freude, das Leben der Tierwelt zu beobachten. Jede

Schnecke, jeder Käfer war für mich eine neue Entdeckung, besonders aber erregte es mein Staunen, als mein Bruder mir sagte, dass die so schönen, schnell fliegenden Schmetterlinge von den langsamen, kriechenden Raupen herkämen. Staunend stand ich damals immer vor der Raupe selbst und zweifelte an diesem merkwürdigen Vorgänge. Als mir dann ein Schulkamerad erzählte, dass er eine Raupe in einer Schachtel gehabt habe, die sich verpuppt hätte, und aus der wirklich ein Schmetterling geworden sei, wollte mein Erstaunen kein Ende nehmen, ich beneidete die Kinder, die selbst Schmetterlinge einfangen konnten, wozu mir die Geschicklichkeit fehlte. Schade, dass wir nach einigen Jahren den Garten auch vermieteten. Gewiss hätte ich mich sonst mehr mit dem Tierleben, ja mit der ganzen Naturwissenschaft frühzeitig beschäftigen gelernt, und hätte dann nicht auf der Universität so hilflos diesen Tätigkeiten gegenüber gestanden. Jeder gute Lehrer sollte es wie Lenz machen und seinen Schülern viele Tiere, überhaupt Naturkörper, vorführen.

„Dies letztere," fügte Fröbel hinzu, „war mir gerade bei Lenz immer das liebste. Diese Menge Tiere, die er sich hielt und die er Kindern vorführte, die sie beobachten mussten, wenn sie gefüttert wurden, bei all ihren sonstigen Lebensäußerungen immer und immer wieder zurückgeführt wurden auf das zu Vergleichende bei anderen; das machte aus ihm diesen vortrefflichen Lehrer." Ich schloss hier an, von ihm aufgefordert, wie mir Lenz seinen Hühnerstall vorgeführt hatte und die Bedeutung fast jedes einzelnen seiner Tiere für den Unterricht angegeben, wie ich dann mit ihm zu dem kleinen Getier: Kaninchen, Meerschweinchen usw. gegangen war. Ich erzählte weiter, wie mir dann Lenz mitteilte, dass dieses ja eben nur noch die letzten Reste von seiner früheren, fast an eine Menagerie erinnernden Tiersammlung gewesen wären. „Hat er Ihnen auch von seinen Schlangenexperimenten erzählt?", fragte Fröbel. „Ja," sagte ich, „er erzählte mir, wie er nach und nach für seine größeren wissenschaftlichen Werke auch in befanden: Abteilungen fremde und wichtige Tiere beobachtet habe, und wie ihn dann oft Bewohner des Orts besuchten, und wie ein kecker Bauer, ein übrigens verkommenes Subjekt, trotz seines Verbotes, eine Kreuzotter störte und von derselben gebissen wurde und dort starb." „Ja," sagte Fröbel, „die Sache machte Aufsehen. Manchmal habe ich mich gewundert, wie eben Lenz neben seiner Wirksamkeit als Lehrer an der Anstalt, sich nicht fürchtete, auch solche wissenschaftliche Forschungen vorzunehmen, wobei doch dem Zöglinge Gefahr entstehen könne." —

„Auch ich richtete eine solche Frage an Lenz," bemerkte ich, „aber Lenz gab mir Aufschlüsse und machte Mitteilungen, wie er durch ein streng durchgeführtes Trennungssystem die Kinder verhindert habe, in sein eigentlich wissenschaftliches Heiligtum zu dringen. Auch ist ihm nie das Missgeschick passiert, dass ein Knabe ungehorsam die Grenze des besonderen Gatters überschritten habe. Jenes Missgeschick mit dem erwachsenen Bauer sei das Einzige, was ihm passiert sei, und auch da habe der Zufall, dass jener Mann anderer Geschäfte wegen hereinkam, während Lenz selbst beschäftigt war, fremden Gästen seine Tiere zu zeigen, es möglich gemacht, dass jener Mann trotz des Verbotes seinen Übermut und seine Geschicklichkeit zeigen wollte, was ihm so schlimm bekam."

Fröbel stand einen Augenblick sinnend und meinte dann: „Ja, gute Disziplin haben sie in Schnepfental drüben immer gehabt; dennoch meine ich, in ein Erziehungsinstitut passt es nicht herein, dass man Forschungen vornimmt, wobei eine Unvorsichtigkeit oder selbst Übermut des einzelnen Kindes Unglück stiften könnte. Ich wenigstens wäre dazu nie fähig gewesen. Mir lag noch in späteren Jahren oft die Neigung im Sinne, ob einzelnes wieder aus meinen wissenschaftlichen Studien in Keilhau aufzunehmen sei; aber das Schulleben hatte mich so gepackt, dass ich nie den Gedanken ernst verfolgte." Ich forderte Fröbel auf, wieder auf seine Mitteilungen über die Naturwissenschaften zurückzukommen, da mich das Zusammenfassen der Ideen, die wir bis dahin wohl gelegentlich durchgesprochen hatten, sehr interessierte. „Ja," sagte er, „wenn man für Botanik und Zoologie die Anfänge in den erwähnten Mitteilungen gefunden hat, so ist es der natürlichste Fortgang, von da ab Fragen zu beantworten, die sich jedem Kinde aufdrängen.

Da muss man freilich nicht systematisch Naturlehre treiben wollen, sondern an das technologische anknüpfen. Auf dieses ist das Interesse der Kinder am meisten gerichtet, sie wollen wissen, wie dasjenige, was hauptsächlich im Hause gebraucht wird, wie Kleidung und Nahrung bereitet wird, oder wie z. B. bei dem Bauen die verschiedenen Tätigkeiten vor sich gehen. Darum ist meine Meinung, dass hiermit begonnen werden muss. Nahrung, besonders das Brot, zieht die Aufmerksamkeit am meisten auf sich, Fleisch erweckt in den Jahren noch wenig Wissbegierde, da nicht dabei so viele fremdartige Operationen Vorgehen. In eine Fleischhandlung ist leicht hineinzusehen. Beim Bäcker jedoch vermutet das Kind viel Geheimnisvolles. Nun vollends gar die Mühle! — Kleider und Wohnung gehören schon auf eine spätere Stufe, aber das Brot muss gleich nach der Vermittlungsklasse kommen.

Die Brotbereitung scheint mir daher immer in der Elementarschule die Basis jedes naturwissenschaftlichen Unterrichtes. Man spricht mit den Kindern zunächst den Verlauf der Entwicklung des Kornes durch, von der ersten Saat bis zur Reife; dann geht man zur Arbeit der Menschen über." — „Da haben Sie ja schon das schöne Liedchen vom Bauer im Kindergarten gesungen," fügte ich hinzu. „Jawohl; das wird aber nun im Einzelnen erörtert. Da bringt man den Dreschflegel hinein, zeigt einen Schwung desselben. Das führt ja gleich in die Anfänge der Mechanik, auf den Hebel, und in die Bedeutung dieser Gegenstände herein. Wie rasch, fast von selbst, zieht sich die Waage heran und noch so manches andere hiermit zusammenhängende." „Da werden Sie es aller schwer haben, bis zur Naturwissenschaft selbst vorzudringen," meinte ich. — „Gar nicht," erwiderte Fröbel.

„Der Fortgang führt ja von selbst weiter in die Naturwissenschaft ein. Es kommt die Mühle. Da lassen wir, wie gesagt, die Kinder das Modell bauen. Das erweckt nun schon Lust und Reiz zu anderen Fragen. Das Mühlwerk muss doch ein Haus um sich haben. Man verweist nun die Kinder darauf, dass man jetzt erst von so manchem bei der Nahrung zu sprechen hätte, und nun geht man weiter vom Müller zum Bäcker bis zum Verkauf des Brotes. Freilich hier mehr kursorischer und flüchtiger, denn um den Prozess des Backens zu verstehen, müssten die Kinder schon weiter sein. Anlehnende Gewerke, die auch für Nahrung sorgen, können nun auch flüchtig berührt werden, z. B. der Fleischer etc., und so rundet man die ersten Gruppen ab. Nun ist aber das Interesse lebhaft geworden, zum Bauen hingelenkt. Dies benutzt man. Das Gebäude selbst wird beschrieben, aus Kartenblättern ausgeschnitten in kleine Teile und verklebt.

Dabei kommen wir einen Schritt weiter in die Physik. Wir sprechen vom Schwerpunkt und gewinnen eine Reihe neuer Anschauungen. Die des Mörtelmischens, das die Kinder wegen des Aufbrausens des Kalkes interessiert, habe ich ja wohl mit Ihnen schon besprochen." Ich stimmte hierüber ein. „Sehen Sie, so schließt sich wieder neues an, und wollte ich mitteilen, wie auf einer höheren Stufe das Gewebe in den Vordergrund tritt und die Kleider, die einzelnen Geräte usw., so würden Sie sehen, es schwebt mir ein Bild vor von den grundlegenden Anschauungen, wie sie dem frühen Alter entsprechen. Ich habe sie auch in Verbindung gebracht mit all den praktischen Übungen. Aber wollte ich das regelmäßig ordnen, so müsste ich mich ein Jahr hinsetzen können. O, gebt nur Zeit!" fügte er hinzu, „all das zusammenzustellen, was im Laufe meines Lebens und der Beobachtung sich dem bisher Ergebenen anreihte, und was ich noch nicht abschließen konnte. O, gebt mir Zeit! Dann soll wirklich etwas für die Erziehung geschehen! Dann will ich eben zeigen, dass mein Kindergarten nicht etwa neben der Schule einhergeht, sondern das Fundament ist, von dem aus wir erst den neuen Gang der Schule feststellen können."

Er stellte sich ans Fenster, schaute wehmütig in die Gegend hinaus. „Werde ich es können? Wer weiß, wie lange sich mein Lebensabend noch fortspinnt," und dabei erhob er sich wieder freudig: „Nun, wem ich es nicht kann, so werden es meine Nachfolger tun. Da müssen Sie mitarbeiten und alle müssen mithelfen."

Wir wurden unterbrochen. Eine Botenfrau, die von Ruhla nach Salzungen wanderte, war draußen und wollte den „fremden Herrn" sprechen, der beim Herrn Fröbel wäre. Ich wurde natürlich stutzig über die Tatsache, was es sein könnte. Doch sollte ich bald freudig aufgeklärt werden. In der Hast, zu Fröbel zu eilen, hatte ich gar nicht bemerkt, dass beim raschen Berghinabgehen mir ein Portefeuille aus der Brusttasche gefallen war.

Die Frau, die fast hinter mir herging, hatte dies von weitem gesehen und es aufgehoben; dann, da sie erst später als ich ankam, sich im Wirtshause nach dem Fremden erkundigt, und war von da zu Fröbel gewiesen worden. Richtig, ich hatte bis dahin in der lebhaften Unterhaltung noch nicht einmal die Brieftasche vermisst, und doch enthielt sie meine ganze Reisekasse, deren Verlust mich natürlich sehr gestört haben würde. Glücklicherweise war es eine ehrliche Frau, die den Fund machte. Fröbel lachte herzhaft über diesen Vorgang. „Da sieht man den Idealisten," meinte er, „rennt in die Welt hinein, um mich zu besuchen und vergisst den notwendigen Realismus, nachzusehen, ob er auch nichts verloren hat."

Die Episode, die nun stattfand, hatte uns von dem ernsten Gespräche abgelenkt, und auf den Wunsch Fröbels gingen wir vom Zimmer wieder in den Garten herunter zu seinen Lieblingsplätzen unter den Kastanien. Hier musste ich ihm von allen Vorgängen des Sommers erzählen, und dabei zurückgreifen auf die ganze Zeit, wo wir uns nicht gesehen hatten. Nachdem ich ihm erzählt, von der Einladung, die mich nach Gotha zur Lehrerversammlung berufen hatte, von der Reise dorthin, und den Gesprächen mit Diesterweg, erkundigte er sich nach meinem Aufenthalte in Kassel, wohin ich 1850 gereist war. Mit großer Teilnahme erkundigte er sich auch nach den Frauen dort, erzählte aus den Briefen der dortigen Kindergärtnerin Ehlers viel interessantes Einzelne.

„Ja, ja," fuhr er fort, „scheinen doch tüchtige Damen zu sein, aber ich habe ihnen auch eine tüchtige Kindergärtnerin geschickt, Fräulein Ehlers hat sich der Sache nur aus innerer Neigung gewidmet. Sie wissen ja selbst, wie wenig der Kindergarten dort einträgt. Die meisten Kinder haben Freistellen und wenn der Frauen-Verein nicht unter die Arme griffe, könnte die Anstalt dort kaum bestehen." — Ich erwiderte darauf: „Ja, die Schwierigkeiten traten deutlich hervor, aber die Damen dort taten auch gar vieles, um die Schwierigkeiten zu überwältigen. Bei Frau Eggena war die Ehlers wie bei eigener Familie zu Hause. Dort aß sie meist zu Mittag, während sie die Abende meist bei Frau Schnell zubrachte." — Fr übel meinte: „ha, man weiß es, dass die Ehlers Tochter eines vermögenden Kaufmanns ist und nur aus Liebe zur Sache hier wirkt. Da fühlen sich die vermögenden Damen veranlasst, sie in ihren häuslichen Kreis hineinzuziehen und ihr so die fehlende Familie zu ergänzen." — „Vergessen Sie nicht," meinte ich, „dass auch die Bildung der Fräulein Ehlers sehr bedeutend ist und dass sie sehr feinen gesellschaftlichen Takt besitzt."

„Ja," sagte Fröbel, „das wäre uns zu wünschen, dass wir oft so hoch gebildete und feine Mädchen hätten, wie sie es ist. Aber der Kindergarten wird noch lange mit der Not zu kämpfen haben, dass er ungenügend vorgebildete und des gesellschaftlichen Lebens unkundige Mädchen als Kindergärtnerinnen annehmen muss." — „Wenn ich Ihre Schülerinnen betrachte," erwiderte ich, „so glaube ich, kann man wenig über Mangel an Bildung klagen." — „Ja, meinte Fröbel, „jetzt ist es noch der Zug zum Neuen und geistigen Streben, das mir manche bedeutende Kraft zuführt. Aber unbrauchbares Material wurde mir auch oft angeboten. Nach dieser Seite hat es etwas Gutes, dass die Kindergartenstellung noch nicht glänzend rentiert.

Diejenigen, die jetzt zu mir kommen und die ich behalte, nehmen es meist sehr ernst mit der Sache. Aber wenn erst eine größere Beteiligung stattfindet, wird es uns oft auch so gehen wie bei anderen Berufskreisen. Viele Mädchen, die nicht zu Kindergärtnerinnen passen, werden den Kindergarten als bloße Erwerbsquelle suchen und dadurch werden sich viele Unbrauchbare einschleichen."

Nun zu anderen übergehend fragte er mich nach den Vorgängen, die Fräulein Zürn betroffen hatten. — „Es waren traurige," meinte ich. „Der Armen ging es schlimm." Das schien ihn sehr zu ergreifen, doch sagte er bald: „anderen Mädchen, die bekanntere Berufe sich wählen, geht es ja auch schlimm. Auch andere Kindergärtnerinnen leiden. Dass der Wolfgang ihr Kindergarten geschlossen wurde, tat mir sehr weh." — „Ja," sagte ich, „das ist bei dem jetzigen Regimente zu erwarten, ist es doch dem armen Fräulein Zürn in Breslau nachher auch nochmal so gegangen, nachdem sie in Göttingen schon so viel gelitten und das Missgeschick mit Kantor D. hatte. Kaum, dass sie dann wieder in Breslau zu wirken begonnen, wurde auch dort der Kindergarten geschlossen."

Fröbel erwiderte: „Ja, die Kindergärten, welche von Vereinen begründet sind, lässt man jetzt nicht bestehen. Einzelne Privatinstitute werden sich vielleicht erhalten. Die Prinzessin von Preußen, die in Baden-Baden einen Kindergarten gesehen hat, der ihr sehr gefiel, hat viel dafür getan, manche zu schützen. Aber es ist schwer, jetzt dort zu helfen. Man muss die Zeit abwarten; aber sagen Sie nur: was war denn in Göttingen die Ursache, dass Fräulein Zürn so schwer durchdringen konnte?" Ich erwiderte ihm: „Das habe ich ja vorausgesehen, Kantor D. war nicht der Mann, eine solche Idee einzuführen. Das Schlimmste war aber, dass er, als die Angelegenheit schief ging, seine Verpflichtungen nicht einhalten wollte und dass dann der Vater der Zürn kommen musste, um seiner Tochter gerichtliche Hilfe zu verschaffen." —

„Erzählen Sie genauer, wie kam es?" Ich musste nun Fröbel eine unangenehme Geschichte erzählen, dass der Besitzer des Kindergartens erst durchs Gericht gezwungen werden musste, ihr das Spielmaterial, das sie mitgebracht hatte, herauszugeben und dass der ihr zukommende Gehalt nur teilweise bezahlt wurde, nachdem ihr Vater, nur, um nicht zu lange aufgehalten zu werden, auf einen großen Teil desselben im Vergleichswege verzichtet hatte. Fröbel, dem vom Kämmerer Zürn nur die Umrisse dieser Erzählung früher mitgeteilt worden waren, erschrak sehr über diese Tatsache, schien sich lange nicht fassen zu können und meinte endlich: „Ich habe vieles erlebt bei Gründungen von Kindergärten, manches Missgeschick ist passiert, aber doch nirgends mir ein Fall dieser Art vorgekommen."

„Was halten Sie denn aber," fuhr er dann fort, „von Fräulein Ramsahl, der jetzigen dortigen Kindergärtnerin?" „Was ihre Persönlichkeit und ihre Begabung betrifft, alle Achtung vor ihr. Aber dennoch glaube ich nicht, dass es ihr trotzdem gelingen wird, die Schwierigkeiten, die in Göttingen entgegenstehen, zu überwinden." —

„Und warum?" fragte Fröbel schnell. „Weil sie erstens in zu späten Lebensjahren an die Kindergartenideen herangetreten ist, und zweitens, weil ich die Zeit, die sie bei Ihnen zubrachte, für zu kurz halte, um die Begeisterung und die Kraft der Ausdauer zu entwickeln, die eben für diesen Fall notwendig wäre." Fröbel schien heftig werden zu wollen. „Ich weiß es; man hat es mir übel nehmen wollen, dass ich auf den Wunsch der Göttinger, die zur Eile sehr drängten, der Fräulein Ramsahl einen ganz kurzen übersichtlichen Kursus von vier Monaten gab. Aber sie ist ja auch talentvoll und bedeutend, dass ich eben die Hoffnung hegen konnte, sie würde es bewältigen." —

„Einverstanden," erwiderte ich, „an Talent und Geschicklichkeit wird es ihr nicht fehlen." Fröbel fuhr erregt fort: „Es haben andere begabte Damen ebenfalls bei mir das schneller erlernt, was bei andern weniger Begabten sehr viel Zeit nötig machte."

„Sie müssen bedenken," fügte ich hinzu, „alle die Damen, von denen Sie reden, waren, als sie zu Ihnen kamen, entschlossen, von vornherein entschlossen, sich dieser Aufgabe zu widmen. Äußere oder innere Umstände drängten sie dazu. Bei Fräulein Ramsahl ist dies nicht der Fall gewesen. Sie wissen selbst, dass es der Wunsch von Göttinger Freunden war, der diese begabte Dame dazu erst bestimmte. Wäre sie längere Zeit bei Ihnen geblieben, so hätte möglicherweise die Begeisterung, die von Ihnen ausgeht, und die sie ja schon teilweise ergriffen, tiefe Wurzeln in ihr geschlagen. Mit einem Worte, ich fürchte, die Ausdauer fehlt, um eben allen Schwierigkeiten Trotz zu bieten. Und Schwierigkeiten sind viele. Eine unabhängig gestellte Dame, wie sie es ist, die dazu einen solchen reichen Schatz innerer Erinnerung, freudiger wie trüber, hat, ist leicht geneigt, bei starkem, schroffen Widerstande sich wiederum auf sich selbst zurückzuziehen." Fröbel ging sinnend auf und ab und meinte: „Es mag etwas Wahres darin sein. Ich habe oft vielfach Träumerisches bei dieser Dame gesehen, was mich befürchten ließ, ihr Seelenleben würde sich nicht ganz in das Neue hineinarbeiten. Doch tut es mir weh; denn an Göttingen hängt mein Herz sehr. Wenn ich sie sah, und sie mir von den einzelnen Straßen sprach, musste ich mich wieder erinnern, wie ich selbst dort wanderte.

Damals (Er spricht von seiner Studienzeit (1811). Von seinen späteren Besuchen erzählte er später auch Interessantes.) fing man an, eine Sternwarte zu bauen." Ich fügte ein: „Die jetzt lange vollendet ist und ein Gauß wohnt drin."

(Die Bedeutung dieses Astronomen, dem erst in diesen Tagen seine Heimat Braunschweig ein großartiges Denkmal errichtet hat, wird unsern Lesern bekannt sein.)

Aber Fröbel fuhr in seinen Gedanken weiter fort: „Mich beschäftigte gerade in Göttingen, der tiefe Zusammenhang der Naturwissenschaften; die einzelnen Fächer hatte ich ja schon seit Jena verfolgt. Dort hatten mich schon die Entdeckungen in der Elektricität und im Galvanismus, so wie die Anfänge der neuen Chemie mit Begeisterung ergriffen. Aber in Göttingen suchte ich das Ganze zu einem Gesamtbild zusammen zu bringen. Dort fingen auch meine eingehenderen kristallographischen und mineralogischen Studien an, die nachher so wichtig für meine Arbeiten in der Formenlehre und für die Festgestalten wurden, und dann wieder die herrliche Zeit, wo ich mit Krause zusammen war im Frankenbergschen Hause." Er hielt einige Augenblicke wieder ein. Dann sich wieder zu mir wendend, meinte er: „sie mögen recht haben. Die Ramsahl wirds am Ende auch aufgeben (was in der Tat etwa ein Jahr nach Fröbels Tode geschah), und doch würde es mir unendlich leidtun, wenn gerade Göttingen lange des Kindergartens entbehren sollte." Seine Frau, die in demselben Augenblick kurz vorher in den Garten gekommen war, meinte: „sei nur ruhig; wenn alles bis dahin missglückt, so wachsen die Kinder meiner Verwandten heran! da wird ja auch wohl eine Tochter sein, die sich dieser Aufgabe widmen wird und auch Göttingen wird der Sache gewonnen werden."

In späterer Zeit habe ich oft an dieses Wort denken müssen. Frau Fröbel hat es in der Tat als Aufgabe der Pietät betrachtet, ihre Nichte, Fräulein Levin, in dem Anfang der sechziger Jahre als Kindergärtnerin auszubilden, und Vater, wie Tochter, haben lange Jahre unter schwierigen Verhältnissen das Institut gehalten, und zwar mit den größten persönlichen Opfern, und so allmählich auch hier den Boden für die Sache gewonnen.

Fröbel, der nun schnell einige geschäftliche Angelegenheiten mit seiner Frau zu durchsprechen hatte, kam bald darauf wieder zu mir und meinte: „Nun ja, die arme Zürn dauerte mich recht; aber es liegt doch teilweise an ihr. Sie hat so etwas, was, wie ich sagen möchte, das Unglück selbst herausfordert. Der Mangel aller Vorsicht tritt bei ihr fortwährend ein: ein blindes Vertrauen zu aller Umgebung, das auch gar nicht auf die Wahrzeichen achtet, dass Gefahren eintreten können. Sind diese dann eingetreten, dann lärmt und stürmt sie zwar und sucht sie abzuwenden. Es ist aber zu spät."

Dann kam er wieder auf Allgemeines zu reden. „O, es ist Herrliches, was ich Ihnen noch zeigen und mitteilen könnte! Sie müssen über Tisch bei mir bleiben, und heute Nachmittag will ich Ihnen meine neuesten Spielmittel, eigentlich von meiner Frau erfunden, vorlegen: die Ringspiele. Sie werden sich wundern! Ich bin jetzt dabei, die Aufgaben für die krummen Formen weiter auszuführen. Bei den Ringspielen wird's nicht bleiben. Ich denke auch für Ellipse, für Parabel, möglicherweise noch für Schnecken- und Eilinie bildende Anregung zu geben. Es ist mir in meinem Alter wieder, als müsste ich in meine Jugend zurück, und müsste das ganze Anschauungsmaterial bis zu den wichtigsten mathematischen Sachen in seinem Elementarursprung erkennen. O, was ist noch alles Herrliches zu bearbeiten!"

Ich fragte, wie es mit der 7. und 8. Gabe stünde. „Auch das muss nun an die Reihe kommen," meinte er. „Ich habe nur in der ersten Zeit noch keine Ruhe gefunden. Heute Nachmittag will ich Ihnen noch einiges Weitere darüber mitteilen, wie ich mir das denke.

Übrigens sind ja das auch Arbeiten, die noch nicht mit dem Kindergarten unmittelbar in Verbindung stehen. Es wird noch lange dauern, ehe man im Schulleben so weit ist, meine Hilfsmittel zu benutzen und die siebente und achte Gabe sind ja unter jetzigen Verhältnissen vor dem neunten oder zehnten Jahre nicht zugänglich. Doch," fügte er hinzu, „es wird bald Zeit sein, dass wir zu Tische gehen." — Er schickte ein junges Mädchen herauf, — ich glaube des Kastellans Tochter — aber es war doch noch nicht so weit. — Das gab nun Fröbel wieder neue Gelegenheit, eine Fülle von Ideen zu entwickeln. Die Einblicke, die er mir damals in dem ganzen Zusammenhang seiner Schulpläne gab, die Schilderung der wichtigsten Punkte seiner Erziehungsorganisation habe ich mir fest eingeprägt, und werde sie, wenn mir im Verlauf meines Lebens noch Kraft dazu bleibt, zur geeigneten Zeit veröffentlichen. Von einer andern interessanten Arbeit sprach er auch, die ihm vorschwebte. Er wollte für die Wochenschrift eine Reihe von Abhandlungen über die Behandlung des Kindes im sogenannten dummen Vierteljahr, d. h. vom ersten Atemzuge an bis zu den Versuchen zu greifen, behandeln. „Gerade hier," meinte er, „würden sehr viele Fehler begangen, die korrigiert werden müssten." Ich erwiderte darauf: „Da sind Sie ja sehr konsequent bis zur Quelle vorgedrungen. Mit der Universitätstätigkeit in Berlin begannen Sie den selbständigen Weg, in Keilhau das höhere Schulwesen, in der Schweiz die Volksschule, dann den Kindergarten und nun gar das Kind an der Mutterbrust. Wahrlich, ein so konsequentes Rückschreiten sollte doch auch endlich den Vorwurf entkräften, dass Sie leidenschaftlich vorwärts stürmten."

Fröbel lächelte und meinte: „Also wäre ich wohl fertig nach Ihrer Ansicht? Manchmal will's mir auch scheinen, als ob ich mein Tagewerk vollbracht hätte. Aber es gibt noch viel zu tun, und darum wollen wir uns bei Tisch kräftig stärken zur weiteren Arbeit." Mit diesen Worten lud er mich ein, ihm zum Mittagsmahle zu folgen, wobei er sehr heiter war. Nach Tische zog sich Fröbel zu einer kleinen Nachmittagsruhe, wie er gewohnt war, zurück. Während dessen plauderte ich viel mit einigen Kindergärtnerinnen, im Garten auf- und abwandelnd. Hier lernte ich zuerst die jungen Damen kennen, die an den beiden folgenden Tagen unsere Aufmerksamkeit auf sich ziehen sollten: Fräulein Goose, eine Oldenburgerin, erzählte viel von der dortigen Gegend, ihrer Heimat. Andere der Mädchen machten Mitteilungen aus den Unterrichtsgegenständen. So verging die Zeit ganz angenehm.

„Warum kommt aber Fröbel nicht?" meinte endlich eine Kindergärtnerin. Es war nämlich schon über ein Stündchen hingegangen, und Fröbel schien noch nicht genug ausgeruht zu haben. Es fiel uns dieses sehr auf, da er sonst nach kurzer Zeit der Ruhe gewöhnlich wieder frisch zur Tätigkeit überging.

Auf nähere Erkundigungen erfuhren wir, dass er zwar wach geworden, sich aber etwas angegriffen fühle und bitten ließ, ihn noch einige Zeit zu entschuldigen. Aber auch eine zweite Stunde verstrich und Fröbel kam nicht. Nach langem, langem Warten erschien er endlich oben am Fenster und meinte, er müsse den

Nachmittag wohl in der Stille verbleiben, doch möchte ich zunächst noch warten, bis die befreundeten Lehrer von ihrer Partie zurück seien, während dem sollte mir seine Frau die Ringspiele zeigen. Endlich kam Frau Fröbel und teilte mir mit, dass gegen Frühjahr ihr Mann immer lebhafter von der Idee der Ringspiele gesprochen habe, ihr Gang und Richtung mitgeteilt, dass er aber selbst, trotz seines Wunsches, nie Zeit gefunden hätte, an die Ausarbeitung des einen oder des andern zu gehen. Da habe sie sich in freien Mußestunden hingesetzt, selbst die Spiele entwickelt und ihm mitgeteilt. Er sei vollständig zufrieden gewesen, und auf seinen Wunsch habe sie die nötigen Zeichnungen gemacht und überhaupt alles getan, um die Spiele zu fixieren.

(Als im Januar dieses Jahres oben bezeichnete Stellen in der „Erziehung der Gegenwart" veröffentlicht wurden, erhob Frau Fröbel dagegen den Einwand, Fröbel hätte selbst schon alles erfunden gehabt, und sie dasselbe nur geordnet. Natürlich können wir dem nicht widersprechen. Doch glauben wir, die hier aufgestellte Behauptung nicht von Frau Fröbel allein am Nachmittage gehört zu haben, sondern sogar am Morgen aus Fröbels Mund selbst. Sollte vielleicht die hochverdiente Gattin des großen Mannes hier zu bescheiden sein?)

Dann fing sie an, mich einzuführen, doch sie wurde plötzlich hinaufgerufen. Fröbel hatte einige Wünsche. Eine bange Zeit verging, während einige Kindergärtnerinnen mit mir sprachen und von ihren Leistungen, Methode und Gang erzählten. — Mittlerweile war auch der damalige Sekretär Fröbels, ein Lehrer Vollmer aus Osterode, ein Verwandter Fröbels, angekommen. Er Heilte uns viel Interessantes mit. So verging wieder einige Zeit. Abermals kam Frau Fröbel. Doch auch jetzt konnte sie nicht lauge bleiben.

Es war, als ob Fröbel eine ungemeine Unruhe ergriffen hätte und er ihre Hilfe und ihre Gegenwart kaum entbehren möchte. So war es endlich spät geworden und schon wollte ich mich zum Fortgehen anschicken, als endlich die beiden Gewünschten: Lehrer Beck und Rektor Köhler aus Korbach, eintrafen. Diese waren vor der Gothaer Lehrerversammlung nach Liebenstein gekommen, um eine Kindergärtnerin zu engagieren, und dann nach beendigter Lehrerversammlung wieder nach dort zurückgekehrt. Sie waren schon am Sonnabend dort gewesen, bei Fröbel, hatten aber Sonntagmorgen eine Partie gemacht, von der sie erst jetzt zurückkehrten.

Mit der heitersten Miene trafen die beiden lebensfrischen Lehrer ein. Doch auch sie schienen allen Humor zu verlieren, als sie erfuhren, dass Fröbel unwohl sei und den Tag nicht mehr zu sprechen wäre. Wir entschlossen uns also, rasch Abschied zu nehmen und erst am folgenden Tage wieder zurückzukehren. Wir ließen daher unsern Abschied heraufsagen, doch sollte es noch nicht so schnell gehen.

Fröbel wünschte mich noch einen Augenblick zu sprechen. Ich traf ihn, als ich ins Zimmer kam, auf dem Sofa sitzend, mit dem Rücken angelehnt, und die Füße auf einen Schemel gelegt und mit Kissen bedeckt: „Ich wollte Sie heute doch noch einmal sehen, noch ein herzliches Wort über die Gothaer Lehrerversammlung sagen. Sie haben mir eine große Freude mit der Einladung gemacht. Zwei Dinge sind es gewesen, die mir noch tief am Herzen lagen in den letzten Jahren. Sie sind jetzt erledigt. Meiner jetzigen Frau wünschte ich ihr Schicksal zu sichern. Solange sie Fräulein Levin war, wäre sie nach meinem Tode eine Kindergärtnerin gewesen, wie jede andere. Jetzt habe ich mein Werk in ihre Hand gelegt, und mein Name wird sie geeignet machen, mein Werk fortzuführen. Mir ist ein großes Glück noch zu Teil geworden in der Liebe und Sorgfalt dieser ehrlichen, treuen Freundin. Und dann war es meine Sache, die mir am Herzen lag und die jetzt in der Hand der deutschen Lehrerwelt ruht, welche Jene auch gewiss nicht aufgeben. Reichen Sie mir noch einmal die Hand! Hoffentlich sehen wir uns froh wieder!" Er reichte mir die Hand und ich ging zu den beiden Lehrern, die mich schon erwarteten. Ich musste ihnen noch Fröbels Worte mitteilen, die auch sie eigen ergriffen. Ich ahnte nicht, dass es die letzten Worte waren, die ich aus Fröbels Munde hörte.

12. Die ausklingende Saite.

Mit Köhler und Beck wanderte ich still den Weg herunter, der über Schweina nach Altenstein führt. Es drängte uns noch, die schönen Abendstunden auf Altenstein zuzubringen. Als wir in der Nähe des chinesischen Hauses ankamen, forderte ich die Freunde auf, mit hinaufzusteigen, und bei der Äolsharfe angelangt, tauchte mir die Erinnerung wieder auf von dem träumerischen Sinnen, das ich einst am 4. August 1850 dort erlebte. Ich erzählte den Freunden davon; „wie wunderbar verknüpft sich Anfang und Ende. Hier lauschte ich einst den Tönen, die mir ahnungsvoll von der Wirkung erzählten, die der Fröbelsche Gedankenkreis auf mich ausüben sollte. Und jetzt ist es Wahrheit geworden.

Seit diesen letzten zwei Jahren habe ich eine erweiterte und vertiefte Anschauung über das Erziehungswesen, über das Verhältnis der Frauen dazu, gewonnen, wie ich es kaum vorher haben konnte. Könnte ich Ihnen alles auseinandersetzen," so sagte ich zu Geck, „wie sich's mir erschlossen hat; könnte ich Ihnen darlegen, wie ich damals Schritt für Schritt von den äußerlichen Seiten der Fröbelschen Ideen begann und immer weiter und weiter drang, bis ich sie im Zusammenhange mit unsern ganzen kulturhistorischen Entwicklungen erkannte. Sie würden mit mir übereinstimmen, dass ich etwas Herrliches darin erlebte. Die

Saite tönte, die Saite klang an in mir schon vor 18 Jahren, 1844, als ich das erste Wort über Fröbel hörte, und immer und immer hallte der Ton weiter und schwoll zu einem mächtig brausenden Sturm an, der jetzt in mir anklingt und widertönt."

Der zu Scherzen geneigte Lehrer Beck sagte: „Hören Sie, die Saite tönt; aber sie scheint zu verklingen." Wir lauschten hin und wirklich rauschte es in der Äolsharfe, aber in leisen, verhauchenden Akkorden. Freund Beck fuhr fort: „Lassen Sie nur nicht ebenfalls wieder ihre Ideen so verhauchen und verklingen, wie sie angeschwollen sind." Aber in demselben Augenblick war es, als ob der Scherz auf seiner Zunge erstarb. Köhler sah ihn ernst an und auch ich. Eine lange Pause entstand. Endlich meinte Köhler: „Wir dürfen nicht scherzen; Fröbel ist krank!"

Nach einer längeren Pause setzte er dann hinzu: „Eine verklingende Saite hat immer was Ängstliches; es ist, als ob etwas Liebes von uns schiede." — „Aber hört nun auf mit eurem Sentimentalisieren," rief Beck wieder dazwischen, „wir sind doch wirklich nicht zusammengekommen, um den schönen Abend mit Trauer und Pathetischem zu verlieren. Morgen werden wir hoffentlich über das Unwohlsein Fröbels lächeln. Es ist eben ein Strich uns in unfern heitern Tag gemacht, und darum sind wir unruhig. Lasst uns an anderes denken!" - Wir folgten seinem Rate und plauderten über Verschiedenes. Besonders waren die Eindrücke der Gothaer Versammlung wieder Veranlassung, uns in freudigem Sinn und Mut zu erheben. Rektor Köhler meinte: „Ich hoffe, die Reaktion wird bald im öffentlichen Leben verschwinden, und von unserer Lehrerversammlung wird man in Zukunft freudig sprechen, als von derjenigen, die durch Diesterwegs Rede „Über die National-Erziehung" und durch Fröbels Eintritt in die Versammlung einen neuen Boden für die Zukunft begründet hat." Erst spät am Abend trennten wir uns, um jeder nach seinem Quartiere zu gehen, die eben nicht in demselben Gasthofe waren.

Am folgenden Tage trafen wir uns der Verabredung gemäß in dem Wäldchen, das zu Fröbel führte und gingen zu Dreien fröhlichen Mutes dorthin. Aber auch an diesem Tage war Fröbel nicht auf. Er ließ uns grüßen und den Wunsch aussprechen, dass wir mit Frau Marquart und den Kindergärtnerinnen die Anstalt im Badeorte Liebenstein besehen sollten.

Eine lebendige Karawane, machten wir uns auf. Frau Marquart suchte unsere Besorgnisse Fröbels wegen zu zerstreuen. „Die Reise hat ihn angestrengt;" meinte sie, „mehr ist es nicht. Schon vorher war ja bei Fröbel der Geburtstag gewesen; die ganze Zeit war er tätig gewesen. Dann die rasch beschlossene Versammlung. Morgens früh hin. Alles das muss ja einen älteren Mann angreifen. Nun kamen Sie beide aus Korbach, schon vorgestern und gestern Sie,

Herr Benfey. Sie veranlassten ihn, sich mitzuteilen. Er bedarf der Ruhe. Vielleicht wird er heute Nachmittag schon gestärkter teilnehmen können, wahrscheinlich aber morgen. Also warten wir es in Ruhe ab und füllen die Zeit freundlich aus." Wir folgten dem Wunsche und unterhielten uns lebhaft.

Fräulein Goose, die sich sehr lebhaft für geographische Charakterbilder interessierte, gab mir einige Schilderungen, schöne heimatliche Schilderungen aus ihrer Oldenburger Gegend. Ich erwiderte sie mit einigen Reiseeindrücken, teils solcher, die ich selbst gesehen, wie vom Harze, teils anderer, über die ich gelesen, wie z. B. die Gegenden aus Abessinien und Chili, von welchen beiden ich kurz zuvor interessante Schilderungen gelesen hatte. Auf Fräulein Goose machte dies einen freudigen Eindruck. „Mir wird es unvergesslich sein," meinte sie, „was Sie mir mitteilten. Mein Geist richtet sich sonderbarerweise immer und immer nach der Fremde, nach dem Oriente, als ob da mein eigentliches Seelenleben wurzelte. Solche lebendige Schilderungen von fremden Ländern, die wirken in meiner Seele nach, und ich teile sie immer gern weiter mit."

Als ich im Jahre 1871 Fräulein Goose in Bremen als Lehrerin wieder traf, war es eine ihrer ersten Mitteilungen, dass sie auf den Spaziergang und die Gespräche über Abessinien zurückkam. Diese Dame, die nun lange Jahre mittlerweile in Frankreich gewirkt hatte, auch manches andere nun gesehen, von dem sie früher träumte, hatte noch immer die lebendige Glut für das ferne Orientland und fühlte sich, wie sie sagte, aufs tiefste stets ergriffen, wenn sie einen Anklang dieser ihrer Empfindungsseite im Unterrichte mitteilen könne. „Biblische Erzählungen," fügte sie hinzu, „sind mir der liebste Unterrichtsgegenstand geworden. Ich belebe sie mit den Eindrücken, die ich mir gesammelt habe. Ich möchte das Kolorit mir immer genauer ausmalen. Ich fühle aber auch, dass die Kinder davon wunderbar hingerissen werden." In diesen Erinnerungen der Vergangenheit schwelgend brach sie aber plötzlich ab und meinte: „Und gerade damals erkrankte Fröbel immer mehr." Neunzehn Jahre also nach diesem Ereignisse wirkten die Erinnerungen von Fröbels Tod erregend auf Fräulein Goose.

Noch manche wichtige Idee wurde auf diesem Spaziergange miteinander ausgetauscht. Frau Marquart insbesondere teilte uns viel von den Kämpfen mit und den Schwierigkeiten, unter denen ihr Mann den Kindergarten begonnen habe. Man hatte es ihm von vielen Seiten verargt, dass er seine Stellung als Sprachlehrer, wo er ja so anerkannt sei, aufgebe, um ein Institut zu gründen, von dem die meisten urteilten, dass es wohl in Dresden zu viele Konkurrenten hätte, um fortzukommen. „Aber mein Mann hat Vertrauen, und ich habe es. Wir werden arbeiten und hoffen durchzudringen."

Als ich ½ Jahr später bei Marquart als Lehrer eintrat, sah ich, dass die Taten dieser Frau den damals geäußerten Worten entsprachen, und mit freudiger Erinnerung gedenke ich noch an die Zeit, wo ich die von Fröbel angeregten Ideen dort durchzuführen hoffte.

Des Nachmittags gingen wir erst später hin. Wir hofften dann Fröbel heiter und teilnehmend zu finden. Aber noch hatte ihn die Schwäche nicht verlassen. Wir wanderten also abermals mit Frau Marquart und den Kindergärtnerinnen nach der Stelle im Wäldchen hin, wo ich im August 1850 mit Fröbel zusammen war. Auch das war schmerzlich, ihn auch dort zu vermissen. Noch immer waren die Kindergärtnerinnen heiter und voller Mut.

Fräulein Heinze, die Langensalzaerin, neckte mich fortwährend mit meinen botanischen Studien. Ich hatte, angeregt durch Fröbel, dort angefangen, ein botanisches Werk im Garten zu lesen, und sie hatte mich dabei den Tag vorher überrascht. Nun sollte ich ihr wo möglich alle heimischen Pflanzen benennen und bestimmen. Vergebens war mein Protest, dass ich bis dahin Botanik fast nur gelegentlich berührt hätte, ich seit der Universitätszeit überhaupt erst jetzt wieder Veranlassung genommen hätte, auf diesen Gegenstand zurückzukommen. Es half nichts. Fräulein Heinze brachte eine Blume nach der andern, versuchte mich zu examinieren und lächelte dann schelmisch, wenn sie es besser wusste als ich. „Und da wollen Sie Botanik treiben?" Was aus diesem frischen, jungen, strebsamen Mädchen geworden, habe ich leider nie erfahren können. Nur so viel hörte ich, dass sie längere Jahre als Kindergärtnerin gewirkt habe; dann verlor sich für unsere Bekannte die Spur derselben. Das mutige Wesen des jungen Mädchens hatte aber erfrischend auf uns gewirkt. Als wir schieden, rief uns Fräulein Heinze zu: „Morgen ist Fröbel gesund! Ich weiß es!"

Fräulein Seibt sprach noch sehr angelegentlich mit ihrem späteren Leiter des Kindergartens, mit Herrn Köhler. Abermals wanderten wir auf der alten steilen Chaussee, wie den Tag vorher, aber dieses Mal frischer. Es konnte ja nicht ausbleiben. Fröbel musste gesund werden.

Dienstag, den 8. Juni, fragte ich wieder in Mariental an. Aber der Kastellan des Schlosses kam zu mir heraus und meinte, heute würde ich wohl schwerlich Fröbel sprechen können; er sei noch immer unwohl, und dann fügte er hinzu: „Es zeigen sich Anschwellungen in den Beinen, und das macht mich bei einem älteren Manne immer ängstlich." Und wieder verging ein banger Tag. Und als wir gegen Abend anfragten, da dauerte es sehr lange, bis wir den Bescheid bekamen. 'Wir sollten noch ein Stündchen mit Frau Marquart und den Kindergärtnerinnen spazieren gehen. Wieder war es wie den Tag vorher; aber bis zu dem fernen Wäldchen wagten wir uns diesmal nicht. Nur in der Nähe streiften wir.

Fräulein Heinze suchte wieder Blumen; aber der frische Humor schien nicht mehr so lebhaft bei ihr hervorzutreten. Es galt, einen Entschluss zu fassen. Frau Marquart meinte, es sei bester, wenn wir den folgenden Tag nicht mehr auf den Entscheid warteten. Jedenfalls bedürfte Fröbel der Erholung. Beck und Köhler, deren Urlaub ja zu Ende ging, mussten doch bald nach Hause, und was mich betraf, so hatte ich ja die Absicht, auch nach Keilhau zu gehen und dann wieder in die Nähe zu kommen. Hoffentlich sei Fröbel bis dahin wohl, und ich möchte also zuerst meine Keilhauer Reise vollenden und dann wiederkommen.

Dieser Entschluss wurde festgehalten. Ich sollte den folgenden Morgen gleich abreisen, und auch Bestellungen nach Keilhau übernehmen. Köhler und Beck wollten den Abend mit der Eisenbahn von Wutha nach ihrer Heimat reisen. Und wieder fand ein lebhaftes Geplauder zwischen Fräulein Seibt und Herrn Köhler statt, und wieder sagte mir herzlich Fräulein Heinze: „Wir sehen uns noch alle bald wieder!"

Den folgenden Morgen, als ich mich zur Reise anschickte, eilte Vollmer sehr erregt bei meinem Gasthofe vorbei. „Was gibt es, Herr Vollmer?" — „Ich muss rasch einen Brief hier zur Post aufgeben, an Barop gerichtet; Fröbel ist kränker geworden." Ich schwanke noch einen Augenblick, ob ich noch länger am Orte bleiben sollte; aber die weiteren Mitteilungen Vollmers ließen mich doch bei meinem ersten Vorsätze bleiben. Vollmer betonte, dass er die Krankheit in diesem Augenblicke noch nicht für gefährlich hielte; wohl aber glaube man, dass einige Wochen Ruhe nötig seien.

Nun ging es in das Trusental und über Schmalkalden nach Zella und den Schneekopf hinauf bis zur Schmücke, fast dieselbe Parke, die ich vor zwei Jahren von Keilhau zu Fr übel gewandert war. Von Ilmenau nahm ich eine andere Richtung über Königssee nach Blankenburg, um wieder den Ort zu besuchen, wo Fröbel seine erste Kindergärtnerinnenbildungsanstalt gehabt und auf dessen Kirchhof seine erste Frau ruhte.

Donnerstag, den 10., abends, dort ankommend, fand ich eine lebhaft bewegte Wirtsstube, von Bürgern der Stadt gefüllt, die schon von Fröbels Krankheit erfahren hatten und bei mir Erkundigungen einzogen. Auch Schaffner, der mittlerweile aus bloßem Lehrer zum Mitdirektor Barops geworden war, war zur Brunnenkur in der Nähe. Ich suchte ihn am folgenden Tage auf, und er begleitete mich ein Stück des Weges nach Keilhau. Barop hatte mittlerweile von Mariental schon den zweiten Brief bekommen. Während der erstere ängstlicher von Fröbels Krankheit sprach, war der zweite beruhigender. Ich blieb vom 11. bis zum 16. Juni nun in Keilhau und hoffte immer Nachrichten zu bekommen, die mich zur Rückkehr nach Mariental veranlassen würden.

Middendorff war zurzeit in Hamburg bei seinem Schwiegersöhne Wichard Lange, der kurz vorher Alwine heimgeführt hatte. Man hatte von Keilhau nach Hamburg geschrieben, um Middendorff zurückzuberufen. Einen neuen Freund aus dem Fröbelschen Kreise lernte ich damals kennen, den alten bewährten Langethal, der noch 1850 in Bern als Lehrer gewirkt hatte und jetzt zurückkehrte. Mit ihm und mit Barop verhandelte ich damals viel über eine Übersiedelung nach der Schweiz, die ich auch in dem darauf folgenden Jahre ausführte. Barop und Langethal gaben mir schon damals genaue Anweisungen zu den geeigneten Schritten. Dabei erwarteten wir mit Spannung noch fortwährend Briefe aus Liebenstein. Der dritte war endlich eingetroffen. Barop lächelte. Wir fragten: „Ist Fröbel wohl?"

„Es ist nichts von ihm. Aber Dir," so rief er zu einem Schüler herüber, „können wir Gratulation abstatten. Deine Schwester ist mit Rektor Köhler verlobt." Es war der junge Seibt, dessen Schwester nach Korbach berufen war. Jetzt begriff ich Köhlers fortwährendes Plaudern mit seiner Kindergärtnerin. Er hatte nicht nur die Leiterin seiner Anstalt in ihr gefunden, sondern sie ebenso schnell lieb gewonnen und führte sie ½ Jahr später als Gattin in sein Haus. Leider verstarb diese so viel versprechende Lehrkraft sehr früh.

Middendorff kam endlich auch. Denselben Tag war aber Barop schon nach Mariental abgereist, um Fröbels geschäftliche Angelegenheiten mit ordnen zu helfen. Es musste also doch manches Bedenkliche sein. Barop hatte mir versprochen, wenn es irgend möglich sei, dass ich Fr Übel noch sprechen könnte, so sollte ich an dem Orte meiner Reiseroute, entweder in Erfurt oder in Eisenach, Nachrichten vorfinden. Ich blieb vier Tage in Erfurt, zwei in Eisenach. Die Post brachte mir keinen Brief. Ich musste weiter und reiste am 26. Juni endlich von Eisenach nach Kassel, nachdem ich kurz vorher bei Bekannten gehört hatte, Fröbels Krankheit schiebe sich in die Länge. Mittlerweile war sie aber schon entschieden. In Kassel erfuhr ich aus Zeitungen, dass schon Dienstag, den 21. Juni Fröbel unserem Kreise entrissen sei.

Noch zweimal in meinem Leben kam ich nach Liebenstein und viermal nach Keilhau. Jedes Mal war diese Reise mit einer Vertiefung in die Fröbelschen Ideen verknüpft. Liebenstein berührte ich noch in demselben Jahre wiederum, als ich auf der Reise nach Dresden begriffen war, um meine Wirksamkeit im Marquartschen Institute anzutreten. Ich fand dieselben Kindergärtnerinnen wieder, Frau Fröbel, Herrn Vollmer, aber an Fröbels Stelle war Middendorff als

Leiter eingetreten. Der Tag selbst war sehr unruhig und bewegt. Ich hatte mit einem Freunde aus Stettin zusammen die Reise gemacht, der mich bis Jena begleiten wollte und an den ich also teilweise gefesselt war.

Sonnabend, den 28. August, in Liebenstein eingetroffen, hatte ich nur wenig Zeit, mit Middendorff das Wichtigste durchzusprechen. Den andern Tag, Sonntag den 29., hatte ich halb meinem Freunde zu widmen, ihm die Herrlichkeiten Liebensteins zu zeigen, ehe er zum Inselsberge fortwanderte und mir einen halben Tag Urlaub für den Marientaler Kreis dadurch gab. Aber da waren so viele, die mich in Anspruch nahmen. Diesterweg und die Frau Baronin waren mittlerweile ebenfalls angekommen, auch Badegäste, die mir von früher her befreundet waren. Ich hätte so gern Fröbels Grab besucht; aber Diesterweg ließ mir keine Zeit dazu. Wir hatten wichtig Anderes zu verhandeln, was ich auch in meinem Aufsatze: „Diesterwegiana", Kindergarten, 1870 mitgeteilt habe. den Abend musste ich auf Diesterwegs Wunsch, einen Vortrag über „die geologischen Epochen" halten. Es half nichts, dass ich erklärte, erst mich in der neuesten Zeit in diesen Gegenstand hineingearbeitet zu haben. Er hatte mir das Thema gestellt, und ich musste es zu lösen versuchen. Ich war selbst mit der Lösung nicht zufrieden. Die Mitkollegen und Diesterweg selbst waren nachsichtiger.

Von den Kindergärtnerinnen schied ich damals schmerzlich bewegt. Sie hatten auch den Verlust Fröbels schmerzhaft empfunden. Wir sprachen davon, dass wir uns in Zukunft noch zu gemeinsamem Wirken wieder finden möchten.

Nur Fräulein Goose, wie oben erwähnt, sah ich später wieder und Fräulein Geißler auch in Zittau. Dieselbe war ebenfalls in Göttingen, aber nicht bei Kantor D., sondern im Jahre 1853 bei meinem Freunde Fiedler, Kindergärtnerin gewesen. Derselbe wurde aber bald nach Hannover berufen, und damit hörte der Kindergarten in Göttingen zum zweiten Male auf.

Fräulein Geißler sprach ich 1872 und 1873 mehrere Male als Kindergärtnerin in ihrem Heimatsorte Zittau.

Zunächst kam ich dann 1853 nach Keilhau. Mittlerweile war ich schon nach der Schweiz übergesiedelt, und nur die Ferien hatten mich nach Deutschland und auf drei Tage nach Keilhau geführt. Da war nun schon die Fröbelanstalt von Liebenstein dorthin verlegt. Den Winter waren Middendorff und Frau Fröbel bei Marquart in Dresden gewesen und hatten den Plan des Kursus in Keilhau vorbereitet. Abermals sah ich viele junge, begabte Kräfte, z. B. Fräulein Thekla Naveau (die Heerwart, die damals auch schon dort war, war unpass, und ich hörte nur Middendorff über sie sprechen. Erst 1874 lernte ich diese Dame, nachdem ich schon viel Gutes über sie gelesen und gehört hatte, persönlich kennen), die unter der Leitung der dortigen Lehrer sich vorbereiteten. Mein Freund Pösche, der in der Zwischenzeit bei Georgens in Baden-Baden gewesen war, und mich auch einmal in Dresden besucht hatte, lehrte ebenfalls in der Anstalt die Theorie der Bewegungsspiele. Er versenkte sich immer tiefer in die Fröbel-Aufgaben, denen er ja jetzt in Berlin an dem Seminar dort noch seine Kräfte widmet.

Nun trat eine lange Pause ein. Erst 1858 kam ich wieder nach Keilhau, während ich in Frankfurt a M. journalistisch beschäftigt war.

Drei herzliche Tage bei den alten Freunden, zu denen auch noch der jüngere Johannes Barop gekommen war, ließen wieder alle liebe Erinnerungen des Ortes auftauchen. 1859 verlebte ich ein ganzes Vierteljahr in Rudolstadt, um das Leben Fröbels zu bearbeiten, das dann in den freireligiösen Kalender bei Stollberg veröffentlicht wurde. Dass ich damals Keilhau viel und oft besuchte, versteht sich von selbst. Nach Liebenstein zu reisen verhinderten manche Umstände.

Im Jahre 1867 endlich sollte mein Wunsch, Fröbels Grab zu besuchen, erfüllt werden. Schon vorher hatte mir meine Nichte von seinem Grabe einige Blätter mitgebracht gehabt. Jetzt pflückte ich sie selbst an dem teuren Grabe. Aber die Zeit war hier auch sehr beengt für mich. Ich hatte an dem Meininger Musikfeste des Tonkünstler-Vereins teilgenommen und war mit der ganzen Musikschar herüber zur Aufführung gekommen, die an diesem Abende stattfinden sollte. Den folgenden Tag sollten wir wieder in Eisenach zur Aufführung der heiligen Elisabeth von Liszt zusammen sein. Nur die wenigen Stunden zwischen der Ankunft und der Aufführung des Konzertes waren mir gestattet, um den Erinnerungen nachzuleben. Auch nach Keilhau reiste ich damals. Aber schon traten hier scheidende Elemente vor. Schaffner schied aus und begründete eine neue Anstalt. Flüchtig kam ich noch im Jahre 1876 auf einige Stunden nach Keilhau.

Dies sind die Erinnerungen der Fröbelzeit, die sich tief in meine Seele eingegraben haben. In einem lebendigen Bande ziehen diese von Anfang bis zu Ende. Wie ein großer Geisterwink, wie ein mächtiges Element, das in mein Leben eingriff, erweckte schon im Jahre 1844 die erste Nachricht von diesem Manne ahnungsvolle Hoffnungen, die erst weit später erfüllt werden sollten. Unter langem Kämpfen und Suchen rückte ich den Meister näher, 1846 einen Augenblick ihn sprechend um dann erst im Jahre 1850 mich längere Zeit seinen anregenden Ideen widmen zu können. Musste ich ihn doch dann so bald verlieren, und wie eine verklingende Saite schallten in meiner Seele seine letzten Worte wieder.

Es war wunderbar. Als ob er im letzten Gespräche die ganze Herrlichkeit seiner Seele entfalten sollte, hatte er seine naturwissenschaftlichen Ideen, seine Weltanschauung, seinen Verkehr mit allen Dingen mir noch lebhaft und mächtig vorgeführt, und dann verklang die Saite, und allmählich ward er uns entrückt. Aber in meinem Seelenleben hallte fortwährend wieder, was er angeregt hatte und immer weiter und mächtiger dehnte sich der Gedankenkreis aus. Wir haben die letzten Pfade verfolgt, wie sie sich immer mehr und mehr als Markstein in mein Leben hineinsetzten und dennoch immer größere Pausen einnahmen. So lang auch die Pausen sind, sie betreffen nur den äußerlichen unmittelbaren sinnlichen Berührungspunkt mit den Weihestätten, wo ich den Gedanken empfangen hatte.

Vom Grabe Fröbels aus begann eine Kette von Wirksamkeiten, von Versuchen und Bestrebungen, seinen Gedanken zu dienen, von Beschäftigungen und Verknüpfungen mit denselben, die so fremdartig sie oft auch zu dem Hauptgedanken zu stehen scheinen, dennoch eine feste Kette für das Ganze schließen und begründen. Vielleicht ist es mir in Zukunft gestattet, auch meinen Dienst in der Fröbelschen Idee darstellen zu können, meinen Dienst, der eben begann mit dem 1852 erfolgten Eintritte ins praktische Lehrfach, und der noch immer nicht abgeschlossen ist.

Wie es mir ging, ging es vielen andern. In uns allen hat der Fröbel-Geist gezündet und neue Richtung und Strömung, neues Arbeiten erzeugt. Uns leuchtete vor allem voran jene treffliche Schülerin, die seine Lebensidee weiter gestaltete, und die ja auch für meine Entwicklung schon 1850 eine so entscheidende Rolle spielte. Aber an allen Ecken und Enden sind ja jetzt Verkündiger der Idee entstanden, und weit hinaus, in außereuropäische Länder selbst, hat sich der Name Fröbels, seine Schöpfung und der Geist seiner Idee fortgepflanzt.

Was mir der Traum des 4. August 1850 lebendig versprach, es ist jetzt teilweise zur Wahrheit geworden, und wird es noch immer mehr werden.

Die Saite zwar, die bis dahin getönt hat, ist verklungen; aber ein mächtiger Akkord hallet trotzdem fort. Nicht die Äolsharfe auf Altenstein allein, an allen Orten brauset der Orgelklang der neuen Idee, der Idee, dass, wenn , das Weib, die zur Erzieherin berufen, erst wahrhaft seine Aufgabe erfüllt, die Menschheit einen höheren Schritt zu ihrer Vollendung und zur Selbstvervollkommnung erreicht haben wird.

„Fröbel, der Apostel der Frauenwelt!" Unter dieser Fahne werden die Ideen der Zukunft erfochten und zur völligen Befreiung der Menschheit führen.

Weitere Veröffentlichungen des Herausgebers:

Herausgegeben von: Jugendsozialwerk Nordhausen
Verlag: Druck und Verlag Iffland
Hardback Edition: 520 Seiten
ISBN-10: 393935743X
ISBN-13: 978-3939357438

Herausgegeben von: Jugendsozialwerk Nordhausen
Verlag: Druck und Verlag Iffland
Hardback Edition: 220 Seiten
ISBN-10: 3939357480
ISBN-13: 978-3939357483

Verlag: Rhino
Hardback Edition: 96 Seiten
ISBN-10: 3955600386
ISBN-13: 978-3955600389

Webseite: www.froebelweb.de

Beiträge des Herausgebers in:

Herausgeber: Christian Storch
Verlag: Königshausen & Neumann
Paperback: 174 Seiten
ISBN-10: 3826073711
ISBN-13: 978-3826073717